이 책을 _____ 님께 드립니다

행복한 인간관계를 위한 30가지 이야기

[지혜와 감정균형]

행복한
인간관계를 위한
30가지 이야기

발행일 | 2015년 02월 15일

지은이 | 페란 라몬 코르데스
옮긴이 | 변선희

펴낸곳 | 프리윌출판사
기 획 | 박영만   **디자인** | 안소현
편 집 | 박혜선   **홍 보** | 임인엽 박혜린

등록번호 | 제2005-31호 **등록년월일** | 2005년 05월 06일
주소 | 경기도 고양시 일산서구 한류월드로 407 킨텍스 오피스동 1402-D호
전화 | 031-813-8303 **팩스** | 031-922-8303
e-mail | yangpa6@hanmail.net

값 8,000원
ISBN 978-89-93379-92-1 02120

※ 이 책의 한국어판 저작권은 (주)엔터스코리아를 통한 저작권자와의 독점
  계약으로 프리윌출판사가 소유합니다.
※ 신 저작권법에 의하여 국내에서 보호를 받는 저작물이므로 무단전재와
  무단복제를 금합니다.

원서명 : La quimica de las erlaciones
ⓒ Ferran Famon-Cortes 2012
First published in 2012 in Spain by Planeta
ⓒPublisher's copyright and year of edition by arrangement with Zarana
Agencia Literaria

Korean language edition ⓒ2014 by Freewill Publishing Company.
Korean translation right arranged through Enters Korea Co., Ltd., Seoul, Korea

행복한 인간관계를 위한
30가지 이야기

• 지혜와 감정균형 •

페란 라몬 코르데스 지음

프리윌

목차

프롤로그 · · · · · · · · · · · · · · · 10

Part.1
가족

story 01 이 말은 꼭 해야겠다 · · · · · · · · · 18
story 02 카르멘 할머니와 소피아 · · · · · · 25
story 03 넌 메시지를 열어봤어! · · · · · · · 31
story 04 난 우리의 열정적인 대화가 그리웠단다 · 37
story 05 할머니와의 이별 뒤 · · · · · · · · · · · 43
story 06 어머니, 좋은 소식이 있어요 · · · · · 49
story 07 눈사태의 슬픔 · · · · · · · · · · · · · 54

Part.2
직장

story 08 2년 동안 말하지 않고 지내기 · · · · · 60
story 09 바르셀로나 행 편도 티켓 · · · · · · · 68
story 10 여러분에게 클라라 조교를 소개합니다· · 75
story 11 떠나는 이유 · · · · · · · · · · · · · 79
story 12 당신이 이 자리에 와있다는 걸 알아요· · 84
story 13 토요일의 워크숍 · · · · · · · · · · · 90
story 14 인턴사원의 첫 회의 · · · · · · · · · · 96
story 15 금상 수상자 · · · · · · · · · · · · · 101
story 16 전무이사의 지시만 따르면 돼요· · · · 106
story 17 무언의 박수갈채 · · · · · · · · · · · 111
story 18 갈등을 풀기 위한 커피 한 잔· · · · · 116

Part.3
친구

story 19 동창회가 가져다준 선물 · · · · · · · 126
story 20 칼데레타 만찬 · · · · · · · · · · · 132
story 21 그래, 바로 그 가격이란다 · · · · · · · 137
story 22 알 수 없는 감정 · · · · · · · · · · 144
story 23 카를로스와 호르헤의 모히토 이벤트 · · · 150
story 24 루마니아의 풍습 · · · · · · · · · · 157

Part.4
사회

story 25 당신 아들은 죽는다고요! · · · · · · · · 166
story 26 반론의 여지가 없는 진단 · · · · · · · · 172
story 27 주는 자와 받는 자 · · · · · · · · · · · 178
story 28 향기로운 감사 · · · · · · · · · · · · · 184
story 29 따뜻한 미소 · · · · · · · · · · · · · · 188
story 30 뭘 도와드릴까요? · · · · · · · · · · · 194

에필로그 : 나 자신과의 관계 · · · · · · · · 200

Prologue

사람은 관계 안에서 존재하고 살아간다. 부모와 자녀의 관계, 형제자매와의 관계, 친구와의 관계, 윗사람과 아랫사람의 관계, 조직원과의 관계 등 관계를 떠나서는 살 수 없다. 따라서 바람직한 인간관계를 유지하지 못할 때 우리는 소외감을 맛보고 외로움을 느끼며 때로는 불화를 일으키고 불행을 초래한다.

 미국의 카네기 공대 졸업생을 추적 조사한 결과 그들이 한 결같이 이구동성으로 주장한 바는, 자신들이 성공하는 데 전문적인 지식이나 기술은 15퍼센트밖에 영향을 주지 않았으며 나머지 85퍼센트는 인간관계였다고 한다.

 행복한 인간관계, 즉 바람직한 인간관계란 인격적인 관계라야 하며, 나보다 남을 먼저 생각할 때 이루어지는 것이다. 선인장처럼 자기보호를 위한 가시를 세우고 타인의 삶을 지켜보기만 한다면 우리는 관계의 사회 속에서 언제까지나 이방인으로 머물게 될 것이다.

 이 책에 담긴 이야기들은 어떤 행동들이 가정에서나 사회에서 견고한 인간관계를 맺는 데 도움이 되고, 어떤 행동들이 인간관계를 위기에 빠뜨리는지 보여준다. 또한 어떻게 해야 인간관계를 회복할 수 있고 지속시킬 수 있는지도 보여준다.

이 책의 이야기들은 모두 실화이다. 이름과 장소, 기타 당사자들의 프라이버시를 침해할 소지가 있는 내용들은 변경되었지만, 모두 실제로 일어난 일들이다. 여러 이야기들 중 몇 편은 각종 언론에 소개된 바 있고 나머지 이야기들은 처음 소개되는 것들이다.

 에너지는 생성되거나 파괴되지 않고 변할 뿐이다. 그러나 인간관계는 생성되고 파괴되면서 우리를 변화시킨다. 만일 우리가 인간관계를 잘 이끌어갈 결연한 의지를 가지고 있고, 또 그렇게 하기 위해 필요한 행위를 하면 인간관계는 반드시 보상이 주어진다. 하지만 인간관계를 돌보지 않고 잘 유지되도록 노력하지 않으면 반드시 위험에 처하게 되고 인생의 일부 또는 전부가 파괴된다. 인간관계를 잘 유지하는 것은 하나의 예술이라고 할 수 있는데, 그것은 우리가 행하는 크고 작은 일들이 상대에게 많은 영향을 미치고 그것이 쌓여서 가정이나 사회의 행복과 불행을 결정하기 때문이다.

 이 책의 이야기들은 각기 다른 상황을 전달한다. 때로는 인간관계가 저울에 비유되며, 관계자 사이에 일어나는 모든 일들이 그들의 관계에 어떻게 긍정적인 영향을 미치고 어떻게 부정적인 영향을 미치는지 저울의 균형을 통해 보여주고 설명한다.
아무쪼록 즐겁게 읽으면서 자신의 인간관계를 개선하고 발전시키는데 많은 도움이 되기를 바란다.

사람의 행복은 90%가 인간관계에 달려 있다.
- 키에르케고르 -

만일 어떤 여인이 꽃을 사랑한다고 말하면서도 물주는 것을 잊어버린다면, 사람들은 그녀가 꽃을 사랑한다고 믿지 않을 것이다.
- 에리히 프롬 -

-지은이 페란 라몬 코르데스-

… { *Part. 1* 가족 }

인간관계의 비결 중 하나는 그 관계를 얽어매는 것들로부터 자유로워지는 것이다.

Story 01
이 말은 꼭 해야겠다

　　　　　페페는 동거하던 애인과 방금 헤어졌다. 둘 사이가 얼마 전부터 좋지 않았으나 3년을 함께 지낸 관계를 정리하기란 쉬운 일이 아니었다. 힘들긴 했지만 페페와 그의 애인은 심도 있는 대화를 나누었고, 그만 끝내자는 데 합의했다. 이제 완전히 헤어지는 것이다. 페페의 애인은 그에게 가능한 한 빨리 짐을 싸서 나가라고 했는데, 그 아파트는 둘이 만나기 전부터 그녀가 살던 곳이었다.
　페페는 가방을 들고 3년간 지냈던 보금자리를 떠났다.

태어나서 이제껏 경험한 것 중에 가장 힘든 순간이었다. 의기소침해진 그는 변함없는 사랑을 간직한 부모님 집으로 돌아가기로 했다.

그런데 막상 3년 만에 집으로 돌아가자 어머니는 그에게 냉담한 표정을 지었다. 더구나 어머니는 그가 애인과 헤어진 사연을 귀담아들으려 하지 않았다. 어머니가 대화의 주도권을 잡고 틈을 주지 않았는데, 나중에 들은 바에 의하면 그건 아들을 위해서 일부러 그렇게 한 것이라고 했다. 어머니 생각에 그러는 것이 페페에게 유익하고 그런 기회를 오랫동안 고대하고 있던 참이었다고 한다. 어머니는 이번 기회를 통해 아들의 성격, 즉 일을 처리하는 방식이나 남을 대하는 태도를 고치려고 벼르고 있었던 것이다.

사실은 전혀 그런 게 아닌데, 어머니는 아들이 애인에게

차인 것으로 생각하고 마지막으로 이렇게 말했다.

"네 상황은 안타깝지만 이 말은 꼭 해야겠다. 너는 내 아들이지만 너무 소심하고 여자를 이끌 능력도 없어!"

어머니는 단호한 말로 그의 사기를 완전히 꺾어 놓았다. 그는 반박할 힘도 용기도 없었다. 다른 때 같으면 인내심을 가지고 상황 설명을 했겠지만, 이번만큼은 그는 그러고 싶지 않았다. 애인과 오해로 헤어지게 된 것이 너무나 가슴 아픈 일이었기 때문이었다. 그런데 어머니는 위로는커녕 더 큰 사랑이라는 명목으로 그의 아픈 마음에 비수를 꽂은 것이다.

페페는 당장 어머니 집에서 나가고 싶었지만 다른 방법이 없었다. 시간이 이미 늦었고 갈 곳도 없었다. 결국 페페는 어머니가 질책을 하면서도 그를 위해 준비해 놓은 저녁을 먹지 않은 채 자기 방에서 두문불출했다.

 다음 날 아침, 페페는 가족 중에서 제일 먼저 일어났다. 그는 무엇을 해야 할지 잘 알고 있었다. 그는 가족들에게 작별 인사나 짧은 메모도 남기지 않은 채 집을 떠났다.

지혜와 감정균형
wisdom and emotional balance

 홈은 스위트홈이어야 한다. 우리는 종종 부모나 가족의 '사랑 어린 공격' 때문에 아픔을 겪기도 한다. 특히 청소년기의 자녀들이 부모로부터 사랑어린 공격을 받고 힘들어하는 경우가 많다. 부모의 입장에서는 자식을 올바르게 키우기 위한 사랑이라지만 자식의 입장에서는 듣기 싫은 잔소리이거나 기를 꺾는 일방적 훈계일 수가 있다.

 친한 사람일수록 사랑과 진심이라는 명목 하에 거침없이 충고를 쏟아내면서 그 말이 상대에 끼칠 충격에 대해서는 생각하지 않는 경우가 많다. 대개 이들은 자신의 말이 상대를 위한 것이라는 확신을 갖고 있는데, 실제로는 인간관계의 감정의 저울을 나쁜 쪽으로 기울게 하여 불균형을 초래한다.

 페페의 경우 애인과 헤어지고 집으로 다시 돌아왔을 때, 심리적으로 매우 위축되고 나약해져 있었다. 그가 비난이나 책망을 감당하기 어려운 상황이었기에 어머니의 직언은 두 사람 사이의 감정적 균형을 파괴하는 찬물을 끼얹은 것이다. 상대의 감정이 나약해져 있을 때는 이성적인 충고나 질책을 해서는 안 된다. 그에게 공감을 해주고 그의 말을 잘 들어주어야 하며, 말은 적게 하고 침묵을 지켜야 한다. 그러다 보면 기회가 온다. 상대의 감정이 진정되고 사기를 회복했을 때 진심 어린 충고를 해주어도 늦지 않다.

 솔직함은 성숙한 사람의 덕목이기도 하지만, 그것을 드러낼 때는 반드시 다른 사람을 고려해야 하는 관계 기술의 덕목이기도 하다

누군가 '나는 매우 솔직해!'라는 알리바이로 자기 생각을 아무 때나, 아무 데서나 상대에게 말하는 것은 절대 덕목이 아니다. 반대로 그들에게 도움이 될 모든 것을 그들이 수용할 준비가 되어 있을 때 말해주는 것이 커다란 덕목이다.

 솔직한 충고를 자제하라는 것은 전혀 하지 말라는 뜻이 아니다. 타이밍이 좋은 때는 충고가 잘 전달되지만, 타이밍이 좋지 않은 때는 상대가 어떤 충고를 해도 받아들여지지 않는다. 인간관계의 감정의 저울에서 충고나 조언이 긍정적인 쪽으로 작용하게 하려면 적절한 순간, 적절한 어조, 적절한 리듬이 필요하다.

Story 02
카르멘 할머니와 소피아

소피아는 열네 살이다. 운동을 좋아하고 열정적이고 활력이 넘치며, 한창 사춘기에 하고 싶은 일은 많은데 시간이 부족하다. 공부, 농구팀 활동, 악기 연습 그리고 친구들과 보내는 시간을 위한 일정이 모두 꽉 짜여 있다.

그러나 한 달에 하루는 이 모든 것을 하지 않는다. 매달 첫째 목요일 학교 수업이 끝나면 롤러스케이트를 들고 이모할머니인 카르멘 할머니 집으로 간다. 할머니의 집에서 오후 시간을 보내며 소피아는 계속해서 재잘거리고, 할머니는 손녀와 함께 있는 것을 좋아한다. 때때로 소피아는 집에 늦게 돌아가는데 시간이 금방 지나가버리기 때문이다. 그럴 때면 소피아는 언제나 미소를 머금고 집으로 간다.

카르멘 할머니는 20여 년 전에 혼자되었고 소피아가 어릴 때부터 돌보아 주었다. 매일 오후 소피아의 아빠나 엄마가 카르멘 할머니의 집에 소피아를 데려다 주면 카르멘 할머니는 참을성을 갖고 소피아에게 많은 것을 가르쳐주고 함께 놀아주고 간식을 주었다. 이 모든 것을 애정을 듬뿍 쏟아서 했다. 여름이면 소피아와 함께 자신의 해변 집에서 며칠 지내면서 손녀를 바닷가로 데려가곤 하기도 했다.

소피아는 다섯 살 때부터 열세 살까지 카르멘 할머니를 가족잔치나 할머니가 자기 집을 방문할 때만 보아왔다. 카르멘 할머니가 집에 올 때면 소피아의 얼굴빛은 밝아졌다. 할머니 손을 잡고 자기 방으로 들어가서 한참을 즐거운 시간을 보냈다. 그러나 소피아는 성이 차지 않자 그 관계를 더욱 돈독하게 하기 위해 더 많은 것을 하기로 결심했다. 그건 소피아의 부모님이나 카르멘 할머니의 생각이 아니고 전적으로 소피아의 아이디어였다.

어느 날 밤, 소피아가 카르멘 할머니에게 전화를 걸어 제안했고 그 이튿날 아침에 엄마께 말씀드렸다.

"오늘 학교가 끝나면 저를 기다리지 마세요. 오후엔 카르멘 할머니 집에 갈 거예요."

"카르멘 할머니는 아프지 않으셔. 도움을 필요로 하시지도 않고 게다가 가족들이 있어서 절대 외롭지도 않으신데 왜?"

"알아요. 전 그냥 할머니를 좋아하기 때문에 뵈러 가려는 거예요."
소피아는 가끔 엄마에게 하지 않는 이야기들도 할머니에게는 털어놓았다. 둘 사이가 너무 좋아서 그 동네 사람들은 소피아를 카르멘 할머니의 친손녀로 착각하는 경우가 많았다. 소피아는 그런 말을 들을 때 기분이 좋았고, 사실이 아니라고 부인하지도 않았다.

 1년이 지나 졸업반이 되자 소피아는 시간적 여유가 없었다. 계속해서 시험을 쳐야했고, 숙제도 많고 농구시합도 해야 했다. 소피아는 스케줄을 소화해내기 위해 잠을 줄이고 주말에 외출하는 것도 자제했다. 하지만 매달 첫째 목요일만은 그녀가 늘 하던 대로 카르멘 할머니의 집을 방문했다.

지혜와 감정균형
wisdom and emotional balance

 인간관계의 비결 중 하나는 그 관계를 얽어매는 것들로부터 자유로워지는 것이다.
위의 예화에서 카르멘 할머니는 소피아에게 아무것도 요구하지 않았고, 관심을 더 많이 가져달라거나 더 자주 방문해 달라고 요구하지도 않았다. 그리고 자신이 해준 것에 대해 아무런 보상도 기대하지 않았다. 소피아 역시 누가 그렇게 하라고 해서 한 것이 아니며 의무감 때문에 그런 것도 아니다. 소피아는 자기가 좋아서 그렇게 했다.

나비를 손에 잡고 있을 수 있는 유일한 방법은 손을 활짝 펴서 나비가 언제든 날아갈 수 있는 자유를 주는 거라고들

한다. 카르멘 할머니는 자신의 손을 활짝 펴고 있었고, 그녀의 나비인 소피아는 매달 첫째 목요일 그 손에 날아와 자유를 만끽하다 돌아가곤 했다. 그래서 소피아는 아무리 바빠도 매주 목요일 할머니께 달려가는 것만은 잊지 않은 것이다. 자발적 자유가 주어질 때 관계는 더욱 끈끈하게 맺어진다.

Story 03
넌 메시지를 열어봤어!

       중학교 1학년인 딸의 휴대전화 요금 내역을 알아보려고 통신사에 전화를 걸었다. 최근 3개월 동안 매달 최대치 요금인 30유로가 나왔기 때문이다. 나는 뭔가 착오가 있는 게 분명하다고 생각했다.

 그런데 전화를 받은 통신사 상담원은 내 딸이 매번 유료 메시지를 열어보았고, 그럴 때마다 1유로 25센트의 요금이 나와서 매달 최대 30유로까지 나온 것이라고 설명했다.

 나는 딸의 책임 없는 행동을 타이르기 위해 그날 밤 딸을 불러 얘기를 시작했다.

 나는 차분하게 대화를 나누어야겠다고 다짐했지만, 화가 많이 나 있는 상태였다. 그건 돈이 아까워서가 아니라 딸이 내가 블랙베리 스마트폰을 사줄 때 한 약속을 어기고 나와의 신뢰를 무너뜨렸기 때문이었다.

 결국 나는 딸과 대화를 나누는 대신 훈계조로 딸에게 야단을 쳤다. 내가 속은 것이고 네가 아무 생각 없이 수락한 문자 메시지 때문에 쓸데없이 돈을 낭비한 것이라고 꾸짖었다.

 그러자 딸은 어안이 벙벙해서 나를 쳐다보면서, 도대체 무슨 말을 하는지 모르겠다는 표정이었다. 딸은 잠시 생각하더니, 오래전에 딱 한 번 발신자를 모르는 문자 메시지를 열어본 적이 있고, 그 후로는 발신자를 모르는 메시지는 전혀 열어보지 않는다고 대답했다.

나는 더욱 화가 난 목소리로 딸을 야단쳤다.
 "내가 낮에 통신사에 확인해보았는데, 니가 계속 메시지를 읽어보았다고 했어! 한두 번도 아니고 3개월 동안이나!"
 딸은 기어들어가는 목소리로 나를 쳐다보지도 못한 채 그런 적이 없다고 말하려고 했으나, 나는 계속 격앙된 어조로 대화의 뿌리를 잘라버렸다.
 "할 말 있으면 해봐. 왜 거짓말을 해? 넌 메시지를 열어봤어. 그래서 이렇게 요금이 많이 나온 거야!"
 딸은 내가 자기 말을 믿어주지 않을 거라고 확신했는지 입을 다물어버렸다. 그러나 그 아이의 볼을 타고 흐르는 눈물은 몹시 억울하다는 것을 보여주고 있었다.

 이튿날 나는 신문에서 고발기사 하나를 읽고 크게 후회를 했다. 수많은 휴대전화 사용자들이 열어보지도 않은 문자 메시지에 대해 요금이 청구된다는 내용이었다. 대개 악덕 업자들에 의해 대량 발송되는 것으로, 기술상 당사자 확인으로 처리된다는 것이었다. 즉 그런 메시지는 처음 한 번만 읽으면 그 다음번 메시지는 본인도 모르게 읽은 것으로 처리되고 요금이 청구된다는 것이었다.

지혜와 감정균형
wisdom and emotional balance

위 예화에서 어머니는 딸을 의심했지만, 딸은 실제로 어머니에게 거짓말을 하지 않았다. 그러나 어머니는 그 말을 믿지 않고 상담원의 말만 믿었다.

 신뢰야말로 인간관계에 있어서 가장 중요한 감정적 도구 중 하나이다. 상대의 말을 의심하는 것은 감정적으로 큰 타격을 준다.
 그런데도 상대의 말이 이미 형성된 우리의 생각이나 신념과 다를 때 우리는 그들을 의심하곤 한다. 우리는 자신도 모르는 사이 '내 생각과 다르면 잘못된 것이다'라는 전제 하에 행동하곤 한다.

다른 사람의 말을 인정하지 못하는 또 다른 이유로는 두려움이 있다. 상대의 말이 옳을지도 모른다는 결과에 대한 두려움이다. 위의 사건에서 보면 심리적으로 어머니는 딸이 잘못했다고 단정적으로 믿는 편이 본인에게 더 쉽고 안전했던 것이다.

어쨌든 다른 사람을 의심하는 행동의 배후에는 그들의 의견을 존중하지 않고 배려하지 않는 마음이 도사리고 있다. 다른 사람의 말을 의심하는 것은 상대방에게 상처를 입히는 것일 뿐만 아니라, 점점 자신의 인격도 좀먹는다. 그리고 관계의 감정의 저울을 계속 나쁜 쪽으로 기울게 하여 위험을 초래한다. 반면 배려심 있는 인간관계는 자기 자신의 인격을 점점 발전시킬 뿐만 아니라 공동의 행복도 점점 발전시킨다.

Story 04
난 우리의 열정적인 대화가 그리웠단다

할머니가 돌아가시기 전, 몇 해 동안 매주 할머니 댁에 점심을 먹으러 갔다. 할머니는 아흔 살의 고령임에도 불구하고 바르셀로나의 한 아파트에서 혼자 사셨다. 할머니는 강한 기질을 타고난 분이었다. 그래서인지 할머니와 나의 사고방식은 많이 달랐다.

할머니는 사사로운 얘기를 끄집어내어 나의 화를 돋우는 데 육감적인 재능을 갖고 계신 분이었다. 그래서 함께 식사할 때마다 우리 사이엔 열띤 논쟁이 벌어지곤 했다. 대개의 경우 결론은 언성이 높아지고 불편한 맘으로 서둘러 할머니 집을 떠나는 것으로 마무리되곤 했다.

 그러다 더 이상 이래서는 안 되겠다는 생각이 들었다. 좋든 싫든 나의 할머니이고 앞으로 사실 날이 얼마 남지 않은 어른이지 않은가? 남은 동안 다투지 말고 존중하고 사랑하고 좋은 친구가 되어드려야겠다는 생각을 했다. 나는 더 이상 할머니와 논쟁을 벌이지 않겠노라고 마음먹었다.

 그래서 그 이후 2~3주 동안은 서로 언성이 높아질 것 같은 문제는 다루지 않으려고 노력했다. 가급적 서로의 감정을 건드리지 않을 이야기들, 즉 세상 돌아가는 이야기, 그 주에 읽은 책의 내용 이야기 등을 화제로 삼으면서 식사를 했다. 그러자 다투지 않는 만남이 순조롭게 이루어졌다.

 하지만 3주 째 되던 날, 할머니가 논란의 소지가 많은 가정문제를 끄집어내는 바람에 결국 예전처럼 신랄한 격론이 벌어지고 말았다. 식사를 마치고나자 좌절감이 밀려왔다. 점심시간을 할머니를 위한 사랑의 시간으로 삼겠다던 자신과의 약속을 지키지 못했기 때문이었다.

 할머니가 차타는데 까지 따라 나오셨다. 나는 나 자신에게 화가 나서 기분이 언짢았다. 그런데 이게 웬일?… 내가 차에 타려는데 할머니가 이렇게 말하는 게 아닌가!

"고맙다 애야, 오늘 내가 다시 살아난 기분이다. 난 우리의 열정적인 대화가 얼마나 그리웠는지 모른다. 오늘 니가 날 외롭지 않게 해줘서 정말 고맙구나!"

지혜와 감정균형
wisdom and emotional balance

 논쟁을 불쾌하게 여기는 사람들이 많다. 그러나 어떤 사람들에게는 논쟁이 열정적이고 돈독한 인간관계의 수단이 될 수도 있다. 할머니에게는 손녀와의 논쟁이 인간관계의 공감대를 형성하고 자신의 존재감을 느낄 수 있는 수단이었던 것이다.

 분명한 것은 우리 모두의 모습이 다르듯 사고방식도 다르다는 것이다. 비난을 받으면 매우 큰 감정의 상처를 입는 사람들이 있는가 하면, 아무렇지 않게 받아들이는 사람들도 있다. 또 상대가 상처를 입든 말든 자신이 하고 싶은 말은 꼭 하고야 마는 사람이 있는가 하면, 그래서는 안 된다고 생각하는 사람이 있다.

감정의 저울의 5:1 관계 즉, 하나의 부정적인 행동을 보상하기 위해서는 다섯 개의 긍정적인 행동이 있어야한다는 법칙이 모든 사람에게 똑같이 적용되는 것은 아니다.

 각자의 성격 그리고 각자가 처한 상황에 따라서 부정적인 행동과 긍정적인 행동이 다르게 받아들여진다. 개개인이 상황을 어떻게 인식하는지는 두 가지 조건, 즉 감수성과 자신감에 달려 있다.
 감수성이 예민하고 자신감이 부족한 사람은 긍정적인 행동과 부정적인 행동의 무게 사이에 커다란 불균형이 존재한다. 이런 사람에게는 감정적인 균형을 이루기 위해 계속해서 긍정적인 행동이 필요하며, 단 한 번의 부정적인 행동이 지울 수 없는 상처를 주기도 한다.
 반면 감수성이 둔하고 자신감이 높은 사람은 긍정적인 행동과 부정적인 행동 사이에서 감정의 균형을 잘 잡는다. 이들은 웬만한 비난은 자연스럽게 받아넘기고 신경 쓰지 않을 뿐만 아니라, 계속해서 인정을 받으려고 하지도 않는다.

 그렇다고 감수성이 둔한 성격이 항상 좋다는 것은 아니다. 감수성이 둔한 사람은 자신이 잘 느끼지 못하기 때문에 자기도 모르게 상대방에게 부정적인 행동, 즉 비난이나 무관심 등의 행동을 자주할 확률이 높다.

 이런 사람은 타인에 대한 배려에 앞서 자기 자신에 대한 성찰이 필요하다. 성찰을 통해 본인의 감정의 저울의 건전한 비율을 파악하고 있으면 원만한 인간관계에 큰 도움이 된다.

Story 05
할머니와의 이별 뒤

카르멘은 어머니와의 관계가 원만치 못했다. 어머니를 사랑하고 어머니도 그녀를 사랑한다는 사실을 알지만 날이 갈수록 어머니의 요구 사항이 많아서 압박감을 느꼈다. 카르멘의 어머니는 딸이 잘한 것을 인정해주기보다는 잘하지 못한 것을 들추어내는 경향이 강했다. 이런 이유로 모녀지만 함께 지내는데 어려움이 있었고, 카르멘은 어머니가 자기를 잘 이해해주지 못한다고 생각했다.

그런 반면 카르멘은 할머니와의 사이는 매우 좋았고 함께 대화도 많이 나누었다. 할머니는 자기를 많이 인정해주고 무한한 사랑을 베풀어준다고 생각했다.

 3년 전부터 할머니가 알츠하이머병을 앓았다. 처음에는 별다른 증상 없이 기억이 오락가락하며 기억력이 차츰 사라지더니 결국은 치매 진단을 받았다. 큰 충격을 받은 카르멘은 할머니를 자주 찾아가서 긴 대화를 나누었는데, 대화가 차츰 독백이 되었다. 카르멘은 할머니의 머릿속에 대체 무슨 일이 일어나고 있고, 무엇을 이해하고 이해하지 못하는지 궁금했다.
 그럼에도 카르멘은 할머니 옆에서 많은 시간을 보냈고, 두 사람 사이가 돈독하다는 것을 확인하기 위해 할머니의 미소를 보는 것만으로 만족했다. 그러나 수년 동안 치매를 앓던 할머니는 나중에는 하루 온종일 전문적인 돌봄이 필요할 정도가 되었다. 그래도 카르멘은 계속 할머니 댁을 방문했다.

그런데 정작 할머니가 세상을 떠난 것은 알츠하이머병 때문이 아니라 급성 암 때문이었고, 진단을 받은 뒤 23일 만에 돌아가셨다. 23일 동안 카르멘은 할머니의 곁을 한시도 떠나지 않고 할머니 병간호를 도맡아 했다.

장례식 날, 카르멘은 가슴이 뻥 뚫린 것 같았다. 무척 슬프고 허전할 것이라 예상했지만 막상 그날이 오자 더욱 큰 슬픔이 밀려왔다. 장례를 치르고 집에 돌아와 소파에 앉으니 할머니와 함께했던 행복한 순간들이 주마등처럼 떠올라 눈물이 볼을 타고 하염없이 흘러내렸다.

그때 어머니가 카르멘에게 다가와 손을 잡고 말했다.

"할머니는 다른 할머니들이 부러워하는 손녀를 두셨어. 넌 할머니가 건강하실 때나 아프실 때나 한 결같이 할머니의 친구가 되 주었어. 천국에 가서도 할머니는 너를 잊지 않으실 거야. 나도 이제 할머니처럼 너에게 잘해주고 싶구나."

카르멘은 늘 요구만 하던 어머니가 그런 말을 하자 그 말이 마음속 깊이 스며들었다. 마치 할머니가 어머니에게 돈독한 관계를 유지할 대상의 바통을 넘겨준 것 같았다.

지혜와 감정균형
wisdom and emotional balance

 우리가 내면적으로 매우 사랑하는 사람들과의 관계에서도 감정의 저울이 나쁜 쪽으로 기울어져 있는 경우가 많다. 특히 부모 자식 간의 관계가 그렇다. 그 원인은 우리가 상대에게 보다 많은 것을 기대하기 때문이며, 그 본질은 사랑이지만 표면적으로는 불편한 관계를 형성한다. 사랑하기 때문에 매일 잔소리를 하거나 질책을 하면서 발전을 요구한다.

 이 경우 어느 정도까지가 긍정적이고 부정적인지 그 경계를 알아야 하며, 관계의 저울이 좋은 쪽으로 기울게 하기 위해서는 '관용과 존중'이라는 마음자세가 필요하다.

위의 사례에서 할머니는 늘 '관용과 존중'의 마음으로 카르멘을 대해주었기 때문에 좋은 관계가 유지되었을 것이다. 다행히 할머니가 돌아가시고 나서 카르멘은 어머니를 새로운 시선으로 바라보게 되었고, 늘 들어오던 요구의 말이 아닌 자기의 심정이 어떠한지 이해해 주는 말을 건넸기 때문이다. 그날도 만약 어머니가 딸을 사랑하기 때문에 '밝은 마음을 가져라. 할머니는 이제 돌아가신 거야. 그렇게 슬픔에 빠져 있는 다고 할머니가 살아서 돌아오시지는 못해!'라고 말했다면 카르멘과 어머니의 관계는 호전되지 않았을 것이다.

다른 사람이 나에게 해주었으면 하는 말을 내가 그에게 먼저 해줄 때, 특히 상대가 내가 사랑하는 사람일 경우 그 말은 인간관계의 감정 저울에서 금이 될 것이다.

Story 06
어머니, 좋은 소식이 있어요

　　　　　나의 친할머니는 기질이 강한 분이셨다. 독립적이고, 잘 다투고, 어머니를 자주 곤혹스럽게 하면서 시어머니 노릇을 톡톡히 했다. 어머니는 단련이 되어서 그런 일이 있을 때마다 태연하게 대처하며 탁월한 유머 감각으로 위기를 잘 넘기곤 했다.

 할머니 연세가 더 많아졌을 때, 아버지는 일을 하러 메노르카로 가야 했다. 좋은 일자리가 생겨서 그 기회를 놓치고 싶지 않았기 때문이다.

우리는 할머니 집 바로 앞집에 살아서 아버지는 저녁식사 전 할머니 집을 매일 들르곤 했었다. 그래서 할머니에게는 아버지가 곁을 떠나는 것이 큰 충격이었다. 아들을 매일 가까이서 볼 수 없게 되었기 때문이다.

 아버지는 메노르카로 떠나는 날부터 할머니에게 날마다 전화를 했는데, 할머니는 늘 이 말을 하면서 전화를 끊으셨다.

 "그러니까, 언제 오니?"

 할머니는 93세 되던 해에 길에서 넘어져 발목을 삔 사고를 당했다. 외관상 가벼운 사고였지만 실제 상황은 좀 심각했다. 노령이라 관상순환부전은 치료법이 마땅치 않았던 것이다. 무리한 활동을 하지 말라는 처방이 내려져서 온종일 침대에 누워있어야 했다.

몇 주 만에 할머니에게 남아있던 에너지가 다 소진되고, 가족에 둘러싸여 생의 마지막 시간을 보내고 있었다. 할머니의 기력이 많이 쇠약해지자 우리는 할머니의 임종이 임박했다는 통지를 받았다. 새벽녘이었고 어머니는 할머니가 곧 돌아가실 것을 알고 할머니 방으로 들어가서 조용히 말했다.

"어머니, 좋은 소식이 있어요. 당신 아들이 이제 곧 바르셀로나로 돌아올 거예요. 여기에 좋은 일자리를 구했거든요."

할머니는 미소를 지었고, 그 소식 때문에 흐뭇해하며 편안히 눈을 감았다. 물론 아버지는 아직 바르셀로나에 일자리를 구하지 못한 상태였다.

지혜와 감정균형
wisdom and emotional balance

이 경우 할머니와 어머니의 관계는 둘만의 관계일 뿐만 아니라, 가족 모두에게 영향을 끼치는 관계이다.

어머니는 전에 할머니에게서 받은 대우나 앞으로의 대가를 전혀 고려하지 않는 마음으로 할머니를 보살폈고, 당신을 인간적으로 사랑해주셨다. 어머니는 아무 말씀도 안 하셨지만, 다른 가족 모두에게 인간관계를 돈독하게 하는 방법의 귀감이 되어준 것이다.

사람들이 모두 자기 이익을 추구하며 살아가는 세상에서 이와 같은 사심 없는 행동은 인간관계의 감정의 저울에 금을 적립하는 것이다.

인간관계에서 받은 게 있으면 다시 갚는 것이 좋다. 그러나 돌려받을 것을 기대하지 않고 주는 것이 훨씬 더 훌륭하다. 관용은 인간관계에서 매우 중요한 덕목 중 하나이다.
 소란스럽지 않고 조용한 관용은 그 대가를 바라지 않으며, 위에 소개된 이야기처럼 상황에 딱 들어맞는 행동으로 표현된다.

눈사태의 슬픔

카를로타는 불의의 사고로 오빠를 잃었다. 그녀의 오빠는 다른 스키어들과 함께 트랙 밖에서 스키를 연습하던 중 눈사태를 만났다. 쏟아져 내린 거대한 눈덩이에 갇혔고, 구조팀이 신속하게 구조 활동을 펼쳤으나 그를 발견했을 때는 이미 숨을 거둔 뒤였다.

비극적인 사고가 난지 3주가 지나도록 슬픔이 계속되었고, 카를로타는 차츰 정상적인 생활을 회복하려고 노력했다.

평소의 리듬을 되찾기 위해 그녀는 다른 때보다 일찍 출근했다. 하루 일과를 점검하고 있을 때, 남편의 사촌이 보낸

이메일이 도착했다. 그 사촌은 불행한 사건의 소식을 뒤늦게 접하고 그녀에게 위로를 말을 전하려고 했다.

"친애하는 사촌, 당신 오빠의 비극적인 사고에 대해 진심으로 애도를 표합니다. 달려가고 싶었지만 안타깝게도 여행 중이라 그러지 못했습니다. 진심 어린 애도를 표하며 제가 도울 일이 있으면 무엇이든 도와 드리겠습니다."

정성이 담긴 메시지였다. 그런데 메일은 거기서 끝나지 않고 이렇게 이어졌다.

"애도의 마음과 함께 메일을 통해 덧붙이는 바는 내일 바르셀로나에서 저의 새 책 출판기념회가 있다는 것을 알려드립니다. 초대장을 첨부하오니 참석하셔서 자리를 빛내주시면 고맙겠습니다."

순간, 카를로타는 자신이 눈사태를 만난 느낌이었다.

그녀는 즉시 이메일을 지워버렸다.

지혜와 감정균형
wisdom and emotional balance

 누군가 심한 슬픔에 빠져 있을 때, 우리는 어떻게 행동해야 할지 난감할 때가 있다. 때로는 어색한 분위기를 깨거나 자기감정을 표현하기 위해 위로의 말을 하고 싶은 충동이 일 때도 있다. 하지만 위로를 할 때도 절제와 감정의 균형이 필요하다. 어설픈 위로보다는 침묵하면서 묵묵히 함께해주는 것이 더 좋을 때도 있다.
 위의 예화에서 남편의 사촌은 카를로타에게 큰 실수를 한 것이다. 상대가 슬픔에 빠져 있을 때는 자기 위주의 계획이나 자랑거리를 절대 언급해서는 안 된다. 상대가 고통을 당할 때는 그 사람과 그 사람의 문제만을 생각하는 것이 우리가 할 수 있는 교양 있는 행동양식이다.

이해관계를 떠나서 누구에게나 친절하고
누구에게나 어진 마음으로 대하라.
어진 마음 자체가 따스한 체온이 되기 때문이다.

-블레즈 파스칼-

{ *Part2*. 직장 }

○

손상된 관계를 치유하기 위해 사이가 나빠진 원인에 대해 논쟁하는 것은 가장 어리석은 짓이다. 대부분의 문제는 옳고 그름에 있는 것이 아니라 감정에 있기 때문이다.

Story 08
2년 동안 말하지 않고 지내기

킴과 하비에르는 대형 광고회사에서 일하고 있다. 킴은 주요 고객을 담당하는 중역이고 하비에르는 전문 카피라이터인데, 두 사람은 이 다국적 기업의 입사 동기이다. 둘 다 입사초기부터 열정적으로 일했고 직업적으로 성공을 거두고 싶은 의욕이 강했다. 그러나 그들은 자주 의견충돌을 빚었는데, 킴이 보기에 하비에르가 종종 고객들의 요구에 부합하지 않는 광고 문안을 제안했기 때문이다. 일 때문에 시작된 의견충돌이 종국에는 자존심싸

움으로 발전하여 각자 자기가 옳다고 주장하는 대결양상으로 이어졌다.

 어느 날, 두 사람은 대립의 도가 지나쳐 심한 말다툼을 벌였다. 이로 인해 두 사람 사이에 회복될 수 없는 간격이 생겼고, 그 순간부터 둘은 더 이상 말을 주고받지 않았다. 하지만 업무 특성상 함께 협력하지 않으면 안 되었기에 불편한 점이 한둘이 아니었다. 업무적으로 대화를 해야 할 경우 제 삼자를 통해 의사를 전달했고, 서로 마주치는 회의에서 어쩌다 주고받는 말도 상사와 동료들 앞에서 상대를 비난하는 말뿐이었다.

 특히 킴은 이러한 상황을 몹시 불편해 했다. 갈등에 대해 자신의 책임을 인식했지만 그것을 어떻게 해결해야할지 난

감해했다. 막연히 시간이 지나면 저절로 해결될 거라고만 기대할 뿐이었다. 그러나 시간이 흘러도 기대대로 되지 않았고 오히려 갈등의 골은 더욱 깊어졌다. 하비에르 역시 마음이 편치 않았지만 자존심 강한 표현과 호전적인 말투는 킴에게 정 반대의 인상을 주었다.

 이런 불편한 상황이 2년 동안이나 지속되었다. 그러는 동안 두 사람 모두 회사에 적지 않은 손해를 끼쳤고 직업 전선에 위기가 닥쳤다.

 회사에서 마련한 크리스마스 저녁식사가 끝나고 술 한 잔씩을 할 때 킴과 하비에르가 서로 마주쳤다. 두 사람은 잠시 서로를 바라보았다. 킴은 하비에르의 시선이 다르다는 것을 느꼈는데, 평상시 미운 감정이 실린 시선이 아니었다.

정말 그런 건지 아니면 이제 어리석은 상황을 끝내지 않으면 직장이 위태롭다고 느껴서인지는 알 수 없었지만 아무튼 그렇게 느껴졌다. 킴은 카운터로 가서 진 토닉 두 잔을 주문했다. 하비에르가 즐겨 마시던 술이었다.

그는 술잔을 들고 하비에르에게 다가가서 한 잔을 건네며 입을 열었다.
"자 이거 마셔."
"난 주문하지 않았는데…"
"너 주려고 내가 주문한 거야."
하비에르는 잔을 받아들고 킴을 가만히 바라보았다. 그러자 킴이 용기를 내어 말했다.
"우리가 오랫동안 너무 어리석은 짓을 하고 있는 거 같아. 이제 여기서 그만 멈추는 게 좋겠어. 회사 분위기도 심

상치 않아."

"……

두 사람은 한동안 말없이 술잔만 기울였다. 그러다 문득 하비에르가 말했다.

"난 우리가 다툰 이유가 뭔지 모르겠어. 다 내 자존심이 때문이야. 먼저 다가와 줘서 고마워."

지혜와 감정균형
wisdom and emotional balance

 누구와의 관계든 한 번 틀어진 관계를 회복시키기란 여간 어려운 일이 아니다. 관계의 저울이 일단 부정적인 쪽으로 기울면 아무리 긍정적인 것을 많이 올려놓아도 균형을 잡기가 쉽지 않다.

 직장동료든 가족이든 손상된 관계를 치유하기 위해 사이가 나빠진 원인에 대해 논쟁하는 것은 가장 어리석은 짓이다. 왜냐하면 대부분 문제의 원인은 주장의 옳고 그름에 있는 것이 아니라 감정에 있기 때문이다. 누가 옳고 그른지를 따지는 것은 본질은 그냥 두고 형태만 흔드는 꼴이 된다.

인간관계에서 자기의 생각을 표현하는 방식은 매우 중요하다. 무심코 말을 하기 전에 먼저 상대에 대해서 내가 어떤 감정을 가지고 있고, 상대가 나에 대해 어떤 감정을 느끼는지 파악하고 말하는 것이 중요하다. 쌍방 이해도에 따라 생겨나는 감정은 원 모양이 될 수도 있고 네모 모양이 될 수도 있기 때문이다.

 킴은 크리스마스 저녁식사 자리에서 직감을 잘 사용했다. 그리고 자신들의 관계가 나빠진 원인에 대해서는 언급하지 않았다. 과거를 들추지 않은 것은 참으로 잘 한 일이다. 그 후 그들의 관계가 회복되었다면 둘 사이의 의견 차이가 말끔히 없어졌기 때문일까? 그것은 아닐 것이다. 둘 사이의 감정이 해소되었기 때문일 것이다.

대체적으로 논쟁은 나쁜 감정을 이끌어내지만 대화는 좋

은 감정을 이끌어낸다. 따라서 인간관계에서는 이성보다 감성을 중요시해야 한다. 대화를 잘하는 사람은 대부분 감성형인간이다.

Story 09
바르셀로나 행 편도 티켓

　　　　　글로리아는 바르셀로나에 소재한 한 중견 회사의 영업부 업무를 담당하고 있다. 그녀는 그 일을 맡고나서 열정과 능력을 발휘했고 업무상 좋은 성과를 거두었다.

 1년 후, 회사는 성장하여 다른 기업을 합병했고 합병한 새 회사의 본사가 마드리드에 설립되었다. 전무이사는 글로리아에게 자기와 함께 새 기업으로 자리를 옮겨 영업부를 맡아줄 것을 제안했다. 이는 직업상 아주 중요한 도전이었다. 새로운 영업 전략을 구상하고 진행하는 업무였기 때문이다.

그런데 이 매력적인 도전에는 한 가지 조건이 있었다. 마드리드로 거처를 옮겨야 한다는 것이었다. 카탈루냐의 중소기업인과 결혼한 글로리아에게는 받아들이기 쉽지 않은 조건이었다.

글로리아는 고심 끝에 남편에게 상황을 설명하고 동의를 얻어 그 자리를 수락했다. 그녀가 회사에 제시한 조건은 월요일부터 목요일까지만 마드리드에서 근무하고 금요일은 바르셀로나에서 근무한 뒤, 토요일과 일요일은 가족과 함께 할 수 있도록 해주는 것이었다. 회사는 그녀의 제안을 받아들였고 교통비도 부담해주기로 했다.

1년이 지나자 글로리아는 새로 맡은 일에 완전히 적응했다. 하지만 개인적인 문제가 발생했다. 남편과의 사이가 나빠져 헤어질 위기에까지 놓인 것이다. 글로리아는 자신이 매우 힘든 시기를 보내고 있다는 것을 다른 사람들이 눈치챌까봐 두려웠다. 그래서 어느 날 전무이사에게 고민을 털어놓았다.

"전무님, 제가 예전같이 업무에 열정적이지 못해 죄송해요. 솔직히 말하면 남편과 매우 사이가 안 좋아요. 그래서 이혼하기로 했어요."

전무이사는 잠시 침묵한 뒤 이렇게 대답했다.

"그 사실을 알려줘서 고마워요. 나도 진작 당신과 이야기를 나누고 싶었는데 상황이 별로 좋지 않아서 못했어요. 이제부터는 당신이 예전과 같이 능력을 발휘할 수 있길 바래요."

순간 글로리아는 전무의 답변이 너무 모호하여 당황스러

웠다. '상황이 별로 좋지 않아서?' 그녀는 그것이 자기를 두고 한 말인지 아니면 회사 일을 두고 한 말인지 알 수 없었다. 그런데 곧이어 전무이사가 한 말을 듣고 나서는 뭔지 모를 배신감과 좌절감에 빠져버렸다.
"잘 됐어요. 이제부터 금요일도 여기서 근무하세요. 사실 계약서에는 금요일에 바르셀로나 가는 것도 가정적인 일 때문에 가는 걸로 되어 있으니까요."

그 주 목요일 밤, 글로리아는 바르셀로나로 가는 열차를 타면서 왕복표가 아닌 편도 티켓을 샀다. 회사를 그만두었고, 남편과의 관계 회복에 힘쓰기로 결심했기 때문이었다.

지혜와 감정균형
wisdom and emotional balance

 사람은 누구나 자존심이 있기 때문에 자신의 약점이나 치부를 잘 드러내려 하지 않는다. 그러므로 누군가 어렵게 속마음을 털어놓을 때, 우리가 해줄 수 있는 최선의 배려는 다만 공감을 해주는 것이다. 다른 반응들은 자칫 관계의 감정적 저울에 부정적인 무게만 더할 뿐이기 때문이다.
 위 사례의 경우 글로리아는 전무이사가 자신을 한 인간으로 걱정해주지 않고, 회사의 실적에만 관심이 있다는 것을 알았을 때 완전히 균형을 잃어버렸다. 그의 반응에서 공감이라는 것은 전혀 찾아볼 수 없었기에 글로리아는 모욕감마저 느꼈고, 결국은 사표를 냈다.
 우리가 누군가에게 속마음을 털어놓았을 때, 상대는 대개 극단적으로 상반된 두 가지 반응을 보이는데 극단적인 반응은 그 어느 것도 도움이 되지 못한다.

첫째는 거리감을 두는 것이다. 즉 상대방의 감정을 전혀 공감해주지 못하고 이성적이고 냉철하게 행동한다. 위의 사례가 바로 상대의 아픔을 공감해주지 못하고 업무적 거리에서 냉철하게 행동한 경우이다.

두 번째는 감정적으로 반응하는 것이다. 즉 상대의 감정이 마치 자신의 감정인양 그 속에 빠져버리는 것이다. 그러나 이렇게 하면 이성을 잃게 되어 상대를 도와줄 능력을 상실하게 된다.

이상 두 가지 극단적인 방법 사이에 세 번째 방법이 존재하는데, 그게 바로 공감이다. 이것은 상대의 감정을 이해할 수 있고, 상대와 상황에 맞는 대화를 나눌 수 있는 능력이다.

공감은 인간관계에서 중요한 기량이고 기술이다. 의사소통을 위해서 이미 정해진 시나리오가 필요한 게 아니라, 상대의 감정을 감지해서 우리의 메시지를 조정해나가는 것이다.

 매 순간 균형을 유지하면서 상식적인 선까지 도달하는 것이다. 이런 기량은 훈련을 통해서도 개발되지만 기본 바탕은 배려와 진정성이다. 공감을 해주는 척하는 것은 배려는 있지만 진정성이 없기 때문에 오히려 역효과를 낼 수도 있다.

Story 10
여러분에게 클라라 조교를 소개합니다

　　　　　클라라는 우수한 성적으로 학업을 마치고 실습조교로 대학 교수팀의 일원이 되었다. 이는 그녀가 오랫동안 꿈꾸어오던 일이었다. 마침내 교수들을 도와 수업에 참여할 기회를 갖게 된 것이다.

 그 주에 두 여교수와 함께 수업에 참가할 기회가 주어졌다. 첫 번째 수업은 메르세 교수와의 수업이었는데, 그녀는 수업이 시작되자 학생들에게 클라라를 소개했다. 메르세 교수는 클라라를 교단으로 올라오게 한 뒤 그 옆에 서서 이렇게 말했다.

"반갑습니다. 여러분에게 클라라 조교를 소개하겠습니다. 앞으로 한 학기 동안 나를 도와 여러분을 지도할 유능한 조교님이십니다. 여러분은 교수님으로부터 많은 걸 배울 수 있을 겁니다."

클라라는 뿌듯해하며 학생들과 눈인사를 나누었다.

이틀 뒤, 이번엔 에바 교수와의 수업이었다. 그런데 에바 교수는 학생들에게 클라라를 소개할 때, 그녀를 교단에 올라오게 하지 않았다. 에바 교수는 클라라가 맨 앞줄에 앉아 있는 상태로 학생들에게 소개했다.

"여러분, 여기 앞에 앉아 있는 이분은 클라라 조교입니다. 앞으로 나를 도와 여러분을 지도해줄 여러분의 선배

입니다."

클라라는 자기가 소개될 때 자리에 그냥 앉아 있어야 할지, 일어서야 할지 난처했고 등 뒤에서 학생들이 수군거리는 소리를 들을 수 있었다.

지혜와 감정균형
wisdom and emotional balance

 같은 양의 행동이라 할지라도 부정적인 행동은 긍정적인 행동보다 무게가 훨씬 더 많이 나간다. 이렇게 긍정적인 행동과 부정적인 행동의 무게가 불균형을 이루는 것은 우리의 뇌가 위험 앞에서는 민감하게 반응하기 때문이다. 뇌는 우리를 보호하기 위해 위험을 즉각적으로 인식하고 탐색한다.

 이러한 뇌의 메커니즘으로 인해 우리는 부정적인 행동들에 더 큰 충격을 받는다. 그래서 비판이 칭찬보다 훨씬 더 깊은 상처를 입히는 것이다. 신경학적 연구에 의하면 부정적인 행동이 긍정적인 행동보다 평균 다섯 배 더 무겁다고 한다. 즉, 한 번 비판을 받은 것을 보상하기 위해서는 다섯 번의 격려가 필요하며, 그래야만 감정의 저울이 균형을 이룰 수 있다.

Story 11
떠나는 이유

후안은 마케팅 보조사원으로 입사해서 8년 만에 생산 팀 팀장이 되었다. 밤낮을 가리지 않고 열심히 일한 결과였다. 그는 상사와 부하는 물론 동료들 간에도 신임이 두터운 훌륭한 직원이었다.

그런데 어느 날 갑자기 그가 회사를 그만두겠다고 해서 모두들 깜짝 놀랐다. 그의 상사는 후안이 회사를 그만두리라고는 전혀 예상하지 못했다. 상사는 후안이 다른 회사로 옮기려는 것을 만류하면서 파격적인 조건도 제시해보았지만 소용이 없었다.

 그러자 사장이 후안과 이야기를 나누고 싶다며 그를 자신의 사무실로 불렀다.

 "자네는 우리 회사의 훌륭한 간부일세. 회사의 중요한 업무를 맡고 있고, 회사원들이 다 자네를 좋아하네. 그런데 자네가 떠난다고 하니 섭섭하구먼. 왜 우리 회사를 떠나려는 건가? 이유를 말해줄 수 있겠나?"

후안은 기분 좋은 말을 다 듣고 난 뒤에 이렇게 대답했다.

 "제가 이 회사에서 일한 지 8년이 되었지만, 사장님께서 직접 저에게 이런 칭찬을 해주신 건 이번이 처음이기 때문입니다."

지혜와 감정균형
wisdom and emotional balance

 감정의 저울이 균형을 이루기 위해서는 긍정적인 행동과 부정적인 행동의 비율이 5:1이어야 한다는 연구결과를 처음 알았을 때, 나는 내 일상에서는 긍정적인 행동과 부정적인 행동의 비율이 어떻게 일어나는지 확인하고 싶었다. 그래서 각종 회의에 참석할 때마다 내 직업상의 고객들을 중심으로 그들 사이에 어느 정도의 격려와 비난이 오가는지 관찰해보았다. 그랬더니 내가 목격한 바에 의하면 내 일상에서는 긍정적인 행동보다 부정적인 행동이 훨씬 더 많이 일어나고 있었다. 심지어는 균형적인 감정의 저울을 유지하기 위해서는 한 번의 비난에 대하여 다섯 번의 칭찬과 격려가 필요하다는 권고와는 정반대로, 한 번의 미팅에서

한 번의 격려와 다섯 번의 비난을 하는 것도 목격할 수 있었다.

 물론 나의 관찰이 객관적인 통계는 아니지만, 일상에서는 칭찬보다 비난이 훨씬 더 많이 일어날 수 있다. 특히 일터, 무엇을 정확히 해야 한다거나, 서로 호흡을 맞춰 안전하게 해야 한다거나, 경쟁사보다 신속하게 해야 하는 등의 생존경쟁 앞에서는 긍정적인 행동과 부정적인 행동의 건전한 비율을 맞추기가 어렵다. 하지만 그런 환경에서도 우리는 의식적으로 긍정적인 행동의 비율을 높여야만 발전할 수 있다.

 아울러 긍정적인 행동, 즉 칭찬이나 격려에 있어서는 빈도만큼이나 타이밍도 중요하다. 위의 예에서 후안에 대한 사장의 칭찬은 타이밍을 놓친 경우이다. '사랑은 표현하지 않으면 사랑이 아니다'라는 말이 있다. 사람은 상대방의 마음을 꿰뚫어 읽지 못한다. 표현해야만 비로소 내 마음이 상대에게 전달된다. '말 안 해도 내 마음 다 알아주겠지' 하는 것은 착각이다. 그리고 상대를 인정해줄 때는 제때에 명확하고 빠르게 인정해주는 것이 좋다. 그런데 우리는 대개 정반대로 행동한다. 비난은 신속하고 냉혹하게 하는 반면 인정은 제때 하지 않거나 아예 하지 않는 경우가 더 많다.

인간관계의 감정의 저울은 적시의 가장 효과적인 한 번의 칭찬이 다섯 번의 비난의 무게를 누를 수도 있다.

Story 12
당신이 이 자리에 와있다는 걸 알아요

나는 한 언론사를 통해 코칭 일을 맡았는데, 그 일은 저명한 회사 임원들이 연례 포럼에서 발표할 PT자료와 발표연습을 도와주는 일이었다.

3일 동안 각 임원들과 함께하며 발표할 내용을 구상하고 검토한 다음 몇 차례 발표연습도 했다. 그런 다음 발표 당일 우리는 떨리는 마음을 안고 행사가 치러지는 장소로 이동했다. 행사장에 도착하자 임원들은 각자 다시 한 번 최종 리허설을 했는데, 그것은 발표자들이 행사장 분위기에

익숙해지기 위해서였다. 본 행사는 오후에 열릴 예정이었고 행사가 시작되기 두세 시간 전에 발표자들 모두가 함께 총연습도 했다.

 나는 관객처럼 홀 중앙 안락의자에 앉아 행사에 초대된 약 1천여 명의 사람들이 어떤 반응을 보일지 미리 점검해 보았다. 임원들의 발표는 매우 고무적이었고 이로써 내 임무는 끝이 났다.

 나는 오후에 다른 비즈니스 미팅이 있었기 때문에, 어느 임원보다도 더 열심히 호흡을 맞춰 일한 메르세데스와 작별인사를 나누었는데 그녀가 나에게 이런 말을 했다.

 "오후 제 발표 때 참석해주었으면 해요. 당신이 관객들 사이에 있는 걸 보면 제 마음이 진정될 거예요."

 그런데 그날 내 미팅은 도시의 정 반대편 장소에서 잡혀 있었기 때문에 메르세데스의 발표시간에 올 수 있을지는 미지수였다. 그러나 나는 노력해보기로 했다.
"제 때 올 수 있을지 모르겠지만 노력해 볼게요."
그러자 그녀는 매우 기쁜 표정을 지었다.

 오후에 나는 미팅을 마치고 서둘러 메르세데스의 발표 장소에 도착했다. 조금 늦은 탓에 홀 중앙 안락의자에 앉을 용기가 나지 않아 문 옆 사이드에 자리를 잡았는데, 그래도 무대에서 일어나는 일을 훤히 볼 수 있었다. 반면 무대 쪽에서는 이쪽 사람을 잘 볼 수 없는 위치여서 그게 좀 아쉬웠다.
 메르세데스의 발표순서가 되었다. 그녀는 준비한 대로 열심히 발표했고 처음부터 관객과 호흡이 척척 맞았다. 정말 멋진 발표였다. 메르세데스는 참석자들을 사로잡으면서 계속해서 그들의 호기심을 자극해 나갔다. 우리가 함께 한 그 어느 연습보다도 훌륭한 발표에 참석자들은 흠뻑 빠져들었다.

발표가 끝나자 우레와 같은 박수갈채가 쏟아졌다. 메르세데스는 관객들에게 정중히 답례를 한 다음 맨 앞줄에 마련된 자기 자리에 가서 앉았다. 그리고 재킷 주머니에서 핸드폰을 꺼내 만지작거렸다. 얼굴에 환한 미소가 감돌기에 나는 누군가로부터 날아온 축하메시지를 읽는 중이려니 하고 생각했다. 그런데 바로 그 순간 내 핸드폰이 부르르 떨면서 메시지 도착 신호가 왔다. 얼른 확인해보니 메시지에는 이렇게 쓰여 있었다.

"당신이 보이질 않네요. 그러나 당신이 이 자리에 와 있다는 걸 알아요. 이 박수갈채는 당신을 위한 것이기도 해요."

지혜와 감정균형
wisdom and emotional balance

 우리가 다른 사람들을 위해 하는 모든 것, 아니면 다른 사람들이 우리를 위해 하는 모든 것은 우리에게 긍정적이거나 부정적인 감정을 일으켜 우리의 관계에 즉각적으로 영향을 미친다. 이를 알기 쉽게 이해하는 방법으로 접시저울을 상상해볼 수 있다.

 한쪽 접시에는 관계에서 일어나는 좋은 것, 즉 긍정적인 감정을 일으키는 것들을 올려놓고, 다른 한쪽에는 나쁜 것, 즉 부정적인 감정을 일으키는 것들을 올려놓는다. 긍정적인 감정을 일으키는 좋은 것에는 인정, 감사, 즐거움, 애정표현, 경청 등이 있다. 그리고 부정적인 감정을 일으키는 나쁜 것에는 무시, 비난, 비판, 멸시, 거짓, 배신 등이 있다.

원만한 관계란 저울의 추가 좋은 쪽으로 뚜렷하게 기우는 관계를 가리키는 것으로, 긍정적인 감정의 무게가 부정적인 감정의 무게를 능가함을 의미한다. 원만하지 못한 관계란 저울의 추가 나쁜 쪽으로 기우는 것으로, 이는 부정적인 감정들의 무게가 긍정적인 감정의 무게보다 더 무거워서 관계가 위험한 상황에 처했음을 의미한다.

 위의 예화는 긍정적인 접시에 무게가 실린 경우다. 구체적으로 말하면 메르세데스로부터 특별한 방식으로 신임을 받은 나는 그녀를 좋아하게 되었고, 우리의 관계는 직업적인 수준을 넘어 인간적인 관계로 발전했다. 이는 긍정적인 감정들이 지배하여 감정의 저울이 좋은 방향으로 기운 경우이다. 일단 이렇게 되면 어쩌다 나쁜 쪽 접시에 더 많은 무게가 실리는 상황이 발생해도 그 관계를 보호받을 수 있다.

Story 13
토요일의 워크숍

대량 소비 사회에서 그 회사는 이름만 들어도 흥분되는 꿈의 기업이었다. 경영학을 전공한 학생이라면 누구나 첫 직장으로 선망하는 그런 곳이었다. 업무가 워낙 빨리 돌아가서 질식할 것 같은 때도 있지만, 그 대가로 체계적인 훈련을 받을 수 있고 보수도 넉넉한 회사였다.

후안은 2년 동안 마케팅 부서 책임자로 일했는데, 얼마 전부터는 부서에 문제가 있다는 사실을 깨달았다. 직원들이 일할 의욕이 떨어진다고 호소하는 장문의 메일을 보냈기 때문이다. 에너지와 열정이 넘치던 직원들이 계속해서 스트레스와 긴장을 느낀다고 토로했다.

 메일을 받고 나서 후안은 직원들로부터 많은 신뢰를 받고 있는 다른 부서 책임자인 페드로에게 물었다. 그러자 베테랑 부서장인 그는 단도직입적으로 이렇게 대답했다.
 "후안, 모든 직원들이 녹초가 되었네. 사장이 바뀐 뒤 직원들을 너무 조이고 있어."
걱정이 된 후안은 직원들이 어느 정도 불만을 갖고 있는지 직접 확인하고 싶었다. 그래서 그는 직원 두 명을 자신의 사무실로 불러 물어보았다.
 "허심탄회하게 말해보게. 자네들은 왜 직원들의 사기가 떨어졌다고 생각하나?"

후안이 묻자 한 직원이 대답했다.

"우리는 일하는 것을 좋아하고, 헌신적으로 업무에 임하고 있지만 사생활이 없어요. 사무실에 앉아서 아침 일찍부터 밤늦게까지 일만 합니다. 이젠 지쳤어요."

그러자 다른 직원도 불만을 토로했다.

"저는 축구 클럽에 참석 못한 지 오래되었어요. 외식을 한 기억이 까마득하고 친구들 얼굴 본 것도 한참 되었어요. 우린 그저 일만 해요. 회사일 외에 다른 삶이 없어요."

후안은 빠른 결정을 내리는 데 익숙한 간부인지라 그 자리에서 직원들에게 말했다.

"나는 부서원들의 사기가 떨어지는 것은 못 보네. 자네들 심정이 그렇다면 다른 직원들 마음도 같을 것이라 생각되네. 그렇다면 시정을 해야지. 함께 모여 심도 있는 대화를 나누며 해결책을 찾아보세."

그러자 두 직원의 표정에서는 희망의 빛이 보였다.
후안은 즉시 비서에게 전화를 걸어 이렇게 지시했다.

"마리아, 우리가 자주 가는 호텔에 열두 명 입실을 예약해 둬요. 그리고 팀원들에게 토요일에 호텔에서 워크숍이 있다고 연락을 취해줘요."

이 사실을 안 페드로는 씁쓸한 미소를 지었다. 후안이 자가당착의 모순에 빠졌기 때문이었다. 그는 혼자 중얼거렸다.

"직원들에게 자유 시간을 더 주기 위한 방법을 논의하려고 하필 그들이 자유로워야 할 토요일에 워크숍을 열다니!…"

지혜와 감정균형
wisdom and emotional balance

"남을 먼저 이해한 다음에 해결책을 내놓아라."
이 말은 오래 전에 나의 스승 중 한 분이 내게 해준 말이다. 이해한다는 것은 단순히 알아차린다는 뜻이 아니라, 상대방의 말 뒤에 숨겨진 마음을 알아차리고 감정을 파악해서 그 사람의 입장이 되어 보는 것이다.

위의 사례에서는 인간관계의 감정의 저울에 납덩어리를 추가하는 세 가지 요소가 있다. 즉 첫 번째는 이해부족, 두 번째는 말과 행동 사이의 불일치, 그리고 세 번째는 성급함이다. 후안의 초점은 문제를 이해하는 데 맞춰져있지 않고 성급하게 해결하는 데 맞춰져 있다. 그래서 토요일에 워크숍을 갖는 그릇된 아이디어를 내게 된 것이다. 문제를 해결하는 데만 급급하다보면 적절한 전략을 세울 수 없다. 문제해결의 적절한 전략을 세우려면 반드시 먼저 그들의 문제가 정확히 무엇인지 이해하는 단계가 필요하다. 심지어 어떤 경우는 그들의 문제를 들어주고 이해해주는 것만으로도 문제가 해결되는 경우가 있다.

조직의 상하관계든 개인적 인간관계든 좋은 관계를 유지하려면 먼저 정확한 이해의 단계가 필요한데, 이때 이해의 초점을 상황에 따라 '나'에게서 '그들' 또는 '너'에게로 변환시켜 보아야 한다. 이것은 일종의 테크닉으로 인간관계의 균형을 잡기 위한 선행기술이다.

'생산적'이라는 말이야말로 올바른 인간관계에 대한
단 하나의 타당한 정의이다   - 피터 드러커 -

Story 14
인턴사원의 첫 회의

내가 꽤 유명한 광고회사에 다닐 때의 일이다. 우리 팀은 광고를 수주받기 위해 광고주 회사를 찾아가는 중이었다. 오늘 할 일은 광고주 회사의 담당자들 앞에서 신상품 광고의 몇 가지 시안을 발표하는 일이었다. 광고제작 감독과 우리 팀의 한 중역이 함께 갔다. 안내 데스크에 도착해서 방문 증을 받아 3층으로 올라갔다. 그 회사 담당자가 우리를 대형 회의실로 안내해주었고, 우리는 그 회사 홍보부 멤버들이 하나 둘 도착하는 동안 발표

자료를 준비했다.

 이런저런 준비를 하면서 20분정도 지나자 그들의 책임자인 홍보부장이 도착했고, 발표 회의를 시작할 수 있었다. 우리는 사전에 준비한 대로 몇 가지 광고 기획안을 발표했다. 발표하는 동안 우리는 그 회사 담당자들의 눈치를 살피며 우리의 기획안 중 하나가 수락될지 아니면 모두 거절당할지 판단하려 했고, 그 회사 홍보부 멤버들은 자기네 보스인 홍보부장의 눈치를 보느라 여념이 없었다. 그러나 홍보부장은 무표정한 얼굴로 무슨 생각을 하는지 아무런 낌새도 보여주지 않았다.

 우리의 발표가 끝나자 홍보부장이 자기네 팀 직원들에게 의견을 물었다. 이는 우리에게 아주 중요한 순간이었는데, 제시된 광고기획안 중 하나를 촬영에 들어가느냐 아니면 다시 아이디어 짜느냐가 결정되는 순간이었기 때문이다. 우리는 기대를 걸고 그 회사 직원들의 의견을 기다렸다.

 그런데 이 과정에서 그 회사 특유의 진행 방식이 적용되었는데, 의견 발표순서가 직급과는 정 반대의 순서로 이루어졌다. 직급이 가장 낮은 하급직원이 먼저 발표하고 보스인 부장이 마무리를 짓는 방식이었다.

 그 회사 홍보부에서 일한 지 이제 겨우 6개월 되었다고 하는 인턴사원이 먼저 시작했다. 처음으로 중요한 발표에 참가한 그는 우리가 발표하는 동안 내내 열심히 듣고 있던 직원이었다. 그는 매우 침착하게 그리고 객관적으로 우리의 제안을 평가하기 시작했다. 인턴사원의 평이 중간쯤 진행되었을 때, 부장이 그의 말을 자르며 말했다.

"됐어요. 거기까지 하고 자네는 그냥 보고 듣기만 하게. 다시 의견을 발표할 기회가 있으면 줄 테니 자리에 앉게."

부장은 무표정한 얼굴로 그 말을 자기 부서 직원들과 외부 손님인 우리들 앞에서 아무 거리낌 없이 말했다. 나는 흠칫 놀라서 인턴사원의 당황한 표정을 힐끔 곁눈질했는데, 그는 너무 부끄러워서 바닥만 내려다보고 입을 꾹 다물고 있었다.

지혜와 감정균형
wisdom and emotional balance

 어떤 사람은 친구나 동료, 같은 연령대의 사람과는 잘 어울리는데, 나이 차가 많이 난다거나 직급이 많이 차이 나는 사람과는 인간관계가 서툰 사람이 있다. 그런 사람은 대개 권위적인 성향이 강한데, 인간관계는 수평적 관계와 수직적 관계가 모두 유연할 때 비로소 건강한 관계라고 할 수 있다. '칭찬은 여러 사람들 앞에서 하고 질책이나 무안 주는 일은 아무도 없을 때 하라'는 말이 있다. 사람은 누구나 여러 사람 앞에서 무시당할 때 가장 큰 자존심의 상처를 입는다.
 위의 예화에서 부장의 태도가 천성적인 것인지 의도적인 것인지 알 수 없으나 아래 사람의 의견을 공개적으로 무시하는 태도는 인간관계의 감정의 저울에서 부정적인 쪽에 납덩이를 올리는 최악의 경우이다.

Story 15
금상 수상자

산세바스티안에서 열리는 광고대상 페스티벌이 인산인해를 이룬 가운데 거행되었다. 이 분야의 모든 사람들이 모여 올해의 가장 창의적인 광고를 뽑고 그것을 제작한 회사나 전문가들에게 상을 주는 행사였다.

젊고 야심만만한 나초는 신경을 곤두세우고 행사에 참여했는데, 예선을 통과한 두 작품 중 하나를 자신이 제작했기 때문이었다. 그러나 애석하게도 회사에서는 제작자에게 별 관심이 없었고, 비록 그 작품이 상을 받는다 해도 회사의 영광일 뿐 제작자는 겉으로 드러나지 않는 공로자로 남을 것이 뻔했다. 그래도 나초는 마음을 졸이면서 수상작 발표를 기다렸다.

 드디어 식품 분야의 금상 작품이 발표되었다. 바로 나초가 만든 광고가 금상 수상작으로 선정되었다.

 페스티벌에서 정해진 의식에 따라 광고회사의 전무이사와 광고담당 이사가 단 위로 올라갔다. 두 사람은 참석자들이 모두 지켜보는 가운데 그들에게 상을 수여하려는 심사위원장과 마주했다. 바로 그때 전무이사가 심사위원장의 귀에 대고 무언가 말을 했고, 심사위원장은 상을 수여하는 것을 잠시 멈추었다. 전무이사는 나초를 향해 단으로 올라오라고 손짓했다. 나초는 자리에서 벌떡 일어나 모든 참석자들의 우레와 같은 박수를 받으며 빠른 걸음으로 계단을 올라갔다.

나초가 단위로 올라서자 전무이사가 그에게 말했다.
"우리는 그저 회사의 책임자일 뿐이니 이 상은 당신이 받는 것이 좋겠소."
심사위원장은 얼굴에 흐뭇한 웃음을 머금고 나초에게 금상을 수여했다.

지혜와 감정균형
wisdom and emotional balance

 누군가를 인정해줄 때 심리를 염두에 둔 의도적 테크닉은 선의의 관계기술이다.
 위의 사례에서 나초에 대한 전무이사의 인정은 특별한 순간에 의도적으로 행해진 배려이다. 아마도 나초는 전무이사의 배려를 평생 잊지 못할 것이다. 나초는 페스티벌의 수상 주인공이 됨으로서 자신이 회사의 중요한 일원이라고 느꼈을 것이고, 앞으로 다른 프로젝트도 잘하기 위해 최선을 다할 것이다.

통상 비난은 사적인 장소에서 일대일로 하는 것이 좋고, 칭찬은 공적인 장소에서 공개적으로 하는 것이 좋다고들 한다. 대중 앞에서 인정을 해주는 것은 인간관계의 감정의 저울에서 긍정적인 무게를 크게 배가시킨다. 한 가지 명심할 것은 이때도 진정성을 담아 인정을 해 주는 것이 중요하다.

필요할 때 주는 것은 필요한 자에게 두 배의 은혜가 된다.
- 퍼블리우스 시리우스 -

Story 16
전무이사의 지시만 따르면 돼요

카를로스는 17년 전 인턴사원으로 입사해서 차근히 순서를 밟아 마침내 영업팀 총책임자로 승진했다. 아침 일찍 전무이사가 그를 불러 승진 사실을 알려주었다. 그리고 이렇게 말했다.

"자네의 승진을 축하하는 사람도 있을 거고, 축하하지 않는 사람도 있을 걸세. 어쨌든 자네는 영업 책임자로 승진했으니 일을 잘 해낼 수 있으리라 믿네."

잠시 후 회사의 전 직원들이 카를로스의 승진 사실을 알게 되었고, 카를로스가 복도를 지날 때마다 축하인사를 건네주었다.

 그런데 지주회사의 경영책임자는 그가 지나가는 것을 보고 자기 사무실로 들어오라고 손짓했다. 카를로스는 앞으로 그 여성책임자와 여러 가지 협조를 해야겠기에 그녀의 사무실로 들어갔다.

"문을 닫으세요."
그녀의 첫마디였다. 그리고 말했다.

"당신이 이번 인사에서 승진했다는 걸 알아요. 그런데 난 이번 인사를 인정하지 못해요. 난 당신이 올리는 결재 서류에 사인하지 않을 거예요. 전무이사의 지시만 따르면 돼요."

카를로스는 당황하는 얼굴빛을 감출 수 없었다. 그러자 지주회사 경영책임자는 이어서 이렇게 말했다.

"불쾌하게 생각하지 말아요. 난 당신에게 개인감정이 전혀 없어요. 단지 당신이 상황을 잘 파악하기를 바랄 뿐이에요."
카를로스는 전무이사가 말한 내용이 바로 이것을 두고 한 말이라는 생각이 들었다.

지혜와 감정균형
wisdom and emotional balance

 위와 같은 직장 내 인간관계에 대해서는 여러 사항을 유추해볼 수 있다.

 첫째, 유독 타인의 기쁨을 함께 나누지 못하는 사람들이 있다. 이들은 다른 사람의 행복을 보면 화가 나기 때문에 때때로 자신도 모르게 분위기를 흐린다.

 둘째, 주위 사람이 무언가 계획을 추진하려고 하면, 그 결과가 좋지 않을 거라고 주장하는 등 괜히 김을 빼는 사람이 있다. 이런 사람은 당신이 여행을 간다고 하면 당신을 지그시 바라보면서 잘 다녀오라고 덕담을 해주기는커녕 날씨가 나쁠 거라느니 사고가 날 수 있다느니 여행지가 적절치 않다느니 부정적인 말을 한다.

 셋째, 이 경우는 가장 위험한 부류로 자기가 상대방을 컨트롤 할 수 있는 가장 좋은 방법은 그들의 사기와 자존감을 건드려 그것을 역이용하는 것이라고 생각하는 사람이다. 이런 사람이 우리 주위에 의외로 많은데, 회사 모임이나 심지어는 가정에도 있다. 타인에 대한 일종의 사보타주로서 자신의 본심을 겉으로 드러내지 않으면서 목적을 달성하려 한다.

 위 사례의 경우 지주회사 경영책임자의 행동은 의식적이고 의도된 것이다. 이런 경우 인간관계의 감정의 저울에 납덩이처럼 무거운 악영향을 미치는데, 상대를 곤란에 빠뜨릴 뿐만 아니라 적을 그룹화 하는 치명적 결과를 가져올 수도 있다.

Story 17
무언의 박수갈채

펠릭스는 임원훈련 워크숍이 잘 치러지도록 세심하게 준비했다. 그는 여러 부서의 임원들을 만나 워크숍의 취지를 사전에 설명해주고, 자신도 여러모로 준비를 철저히 했다. 일주일 전부터 PT자료를 돌려가며 발표할 내용을 점검하는가 하면, 소요되는 예상 시간을 세심하게 체크하여 세션이 잘 진행되도록 모든 종류의 코멘트들도 기록해두었다.

워크숍을 실시하는 날이 되었다. 깨끗하게 리모델링된 연

수원의 대형 홀에서 45명의 고위급 임원들이 그의 발표를 기다리고 있었다. 펠릭스는 그 워크숍에서 모험을 감행했다. 고위급 임원들로 구성된 팀이라 피상적인 개념에 머무를 수는 없었다. 그들의 안락한 지위를 훨씬 넘어서는 훈련을 제안했다. 대화와 논쟁을 북돋우고 강도 높은 토론을 하도록 유도했다. 그러면서 워크숍이 성공적으로 진행되도록 매 순간 모든 에너지를 쏟았다.

일정이 다 끝나고 녹초가 된 펠릭스가 워크숍을 마무리했다.
"더 이상 질문이 없으면 이번 일정은 이것으로 마무리하겠습니다. 열정적으로 참여해주신 임원님들 여러분께 진심으로 감사드립니다."
그러자 커다란 박수갈채가 큰 홀을 가득 메웠다. 뭔가 에너지가 충만한 환호였다. 모두가 만족해하는 박수소리…
마치 훌륭한 콘서트 진행을 마친 것처럼 45명의 임원들은
펠릭스에게 진심 어린 칭찬의 박수갈채를 보내주었다. 펠
릭스는 처음에는 얼떨떨했지만, 박수갈채가 멈추지 않는
걸 보고 얼굴 가득 환하게 미소를 머금었다. 장황스러운 말
이나 코멘트는 필요 없었다. 펠릭스는 임원들이 박수 소리
에 지난 일주일간의 과중한 피로를 말끔히 잊을 수 있었다.

지혜와 감정균형
wisdom and emotional balance

 칭찬이나 격려에 있어, 때로는 그럴듯한 말보다 무언의 짧은 제스처가 훨씬 강력한 힘을 발휘할 때가 있다.

 내가 칭찬의 장점을 피력했을 때 어떤 컨설턴트는 이렇게 말했다.
 "우리는 하루 온종일 사람들에게 그들이 일을 잘한다고 칭찬만 하고 있을 수는 없어요."
 그의 말이 옳다. 늘 그렇게 하기도 쉽지 않지만, 칭찬을 남발하다보면 결국 진부해지고 진정한 가치가 사라지게 된다. 칭찬이나 격려도 누가 어느 순간에 어떻게 하느냐에 따라 결과가 달라진다. 평소 사람들을 계속해서 인정해주는 것이 습관화 된 사람들도 있지만, 그러다보면 상대는 그걸 잘 인식하지 못하는 경우가 많다. 늘 같은 방식과 같은 어조로 하기 때문에 상대는 그걸 상투적인 걸로 인식하기 때문이다.

 하지만 이와는 반대로 자주는 아니지만 칭찬을 할 때 분명하고 확실하게 드러나는 제스처나 행동으로 상대의 마음을 압도하는 사람이 있는데, 그들의 제스처나 행동에는 진정성과 절제와 테크닉이 숨어있기 때문이다. 누군가를 위로할 때 장황한 설명조의 위로보다 단 한 번의 뜨거운 포옹이 훨씬 더 감동적인 경우와 마찬가지이다.

Story 18
갈등을 풀기 위한 커피 한 잔

라켈과 카를라가 같은 회사에서 함께 일한 지 5년이 되었다. 그동안 그들은 거의 매일 다투었다. 라켈이 카를라의 상사이지만 나이는 세 살 아래였다.

그들이 다투는 이유 중 하나는 일에 대한 부담 때문이었다. 카를라는 자기가 맡은 일이 너무 많고 상사인 라켈이 팀의 업무를 균등하게 배분하지 못한다고 불만을 터뜨리곤 했다.

그러한 사실을 잘 알고 있는 라켈이 어느 날 회식자리에서 입사한 지 얼마 안 된 안토니아에게 새로운 프로젝트를 맡기겠다고 선언했다. 카를라는 그 프로젝트에 특별한 관심이 있었기에 직원들 앞에서 라켈에게 화를 내며 반응했다. 라켈은 그 순간 아무 대꾸도 하지 않았지만 큰 상처를 입었다.

 라켈은 며칠이 지나 그 씁쓸한 감정을 떨쳐버릴 수 없어서 카를라에게 커피 한 잔 마시면서 이야기를 나누자고 제안했다. 그러자 카를라가 대답했다.
"지금 이야기 나눌 기분이 아니에요."
"일부러 시간을 냈으니 얘기 좀 해요."
라켈은 자존심을 접고 재차 제의했다.
그녀는 혹시 카를라와의 대화가 길어질지 몰라서 오전 시간에 다른 약속을 잡지 않고 비워둔 터였다.

예상대로 두 사람은 두 시간 동안 긴 대화를 나누었다. 두 사람이 함께 일하기 시작한 이래 처음 나눈 진지한 대화였다. 대화를 통해 카를라는 라켈에게 마음을 열 수 있었다. 자신의 문제, 즉 소극적인 성격과 약점을 표현할 수 있었다. 그리고 라켈은 카를라의 마음을 진심으로 이해했다. 그래서 자기도 카를라에게 자신이 처한 어려움과 불확실성, 불안감 등을 털어놓았다. 카를라 역시 잘 이해해주었다. 두 사람은 대화를 마친 뒤 서로 포옹하고 이번에는 그들의 관계가 진정으로 나아졌음을 느꼈다.

사무실로 돌아왔을 때 카를라가 라켈에게 웃으면서 말했다.

"다음번엔 꼭 내가 먼저 커피 살게요."

지혜와 감정균형
wisdom and emotional balance

 상대에게 불만이 생겼을 때, 그것을 마음에 품고 불만의 크기를 자꾸만 키워나가는 것은 바람직한 방법이 아니다.

 이런 때에 시간은 갈등을 해결해주지 못하고 더 악화시킨다. 처음에는 자존심이 상하고 불편하겠지만 대화를 나누어야 한다. 그래야 서로 많은 간극이 벌어지기 전에 사태를 수습할 수 있고, 마음고생도 줄일 수 있다.

 위의 예화에서 카를라와 라켈은 함께 일한 지 5년이나 되었지만, 그 동안 진지한 대화를 나눈 적이 별로 없다. 그러면 각자 자기방식대로 상대가 무엇을 원하는지 추측만 하게 되고, 이것은 계속해서 오해를 불러일으킨다. 부부나 부모자식간도 마찬가지이다.

 직장에서는 사적인 정보를 공유하는 것을 꺼리는 경향이 많다. 업무와 사생활을 분리하고 싶어 하는데, 이로 인해 작은 갈등과 오해가 빈번하게 발생한다. 서로 원만한 인간관계를 유지하려면 서로를 잘 알아야 한다. 그러려면 우리는 더 많이 이야기를 나누고 상대방의 말을 잘 들어야 한다. 만일 내가 상대의 말을 이해하지 못한다면 그건 상대의 말을 더 많이 들어야 한다는 신호이다.

만약 누군가를 당신의 편으로 만들고 싶다면,
먼저 당신이 그의 진정한 친구임을 확인시켜라.

– 아브라함 링컨–

성공적인 인간관계를 위한 7계명

1. 칭찬을 아끼지 말라.

누구에게나 장점은 있다. 장점을 칭찬하면 단점은 드러나지 않고 드러나지 않으면 없는 것이다.

2. 항상 섬기는 마음자세를 가져라.

남을 섬기는 사람은 만인의 사랑을 받는다.

3. 남의 이름을 잘 기억하라.

성공한 사람들은 대부분 자기가 만난 사람의 이름을 잘 기억하고 다정하게 불러준 공통점이 있다.

4. 친절한 태도를 가져라.

무뚝뚝하고 굳은 표정으로 사람을 대하면 그들은 당신에게서 멀어질 것이다.

5. 남의 잘못을 용서하라.

내가 남의 잘못을 용서해야 남도 나의 잘못을 용서한다.

6. 상대방의 기분을 파악하여 대화하라.

상태의 기분을 무시하고 내 기분대로 줄기차게 떠드는 사람은 친구를 얻지 못한다.

7. 사람과의 만남을 기쁘게 받아들여라.

사람이 싫어지면 마음에 뭔가 이상이 생겼다는 신호이다.

{ *Part.3* 친구 }

인간관계에 있어 어떤 한 특징만 부각시켜 보지말라. 그것은 편견을 불러일으킨다.

Story 19
동창회가 가져다 준 선물

　　　　　　우리는 졸업 25주년 동창회를 열었다. 모임은 동창회 회장인 필라르가 완벽하게 준비했다. 그녀는 매우 탁월하게 모든 졸업생의 연락처를 조사하고 연락을 취해서 빠진 사람이 거의 없었다.

　저녁식사는 화기애애한 가운데 우리가 공부하던 학교 식당에서 했다. 학교 측은 우리에게 어릴 적 공부하던 곳을 다시 방문하도록 배려해주었고, 학교를 떠난 이후 만난 적이 없는 선생님들과 친구들을 다시 만날 수 있어 기뻤다.

우리는 추억에 젖어 즉흥적으로 동창회가(同窓會歌)를 지어 부르고 사진을 찍고 눈물을 흘리기도 했다. 학교 문을 닫을 시간인 자정이 되어 모임을 끝내야 했는데, 우린 그 화기애애한 분위기를 더 만끽하려고 자리를 옮겨 바에서 모임을 계속하기로 했다.

삼삼오오 차를 타고 약속장소로 향했다. 그런데 사고가 벌어졌다. 동창 중 한 명이 오토바이를 타고 가다가 커브 길에서 가드레일과 충돌하면서 튕겨나갔다. 그의 뒤를 따르던 우리는 곧 차를 멈추었다. 그리고 그가 큰 사고를 당한 것을 발견했다. 한쪽 다리가 부러졌는데 상처가 심했다. 우리는 그를 차에 태워 가장 가까운 병원으로 데려갔다. 병원에서 응급조치를 해주었지만 부상이 심해서 좀 더 치료를 해야 한다고 했다. 그래서 나를 포함한 동창생 네 명은 응급실에서 기다리기로 했다.

이상하게도 우리 네 명은 학교 다닐 때 별로 친하지 않은 사이였다. 오히려 학창 시절에 각자에게 붙여진 별명 때문에 원망하는 마음들이 있는 사이였다. 후안은 플레이보이, 호르헤는 싸움꾼, 토니는 독일병정 그리고 나는 공부벌레였다.

 우리는 응급실의 커피자판기 앞에서 제법 오랫동안 이야기를 나누었는데, 학교 다닐 때 부르던 별명 이상의 것을 서로에게서 발견했다. 각자 자신들의 삶과, 일, 배우자 자녀들에 대해 허심탄회하게 털어놓았다. 중년이 되어서인지 속마음을 있는 그대로 털어놓는 게 비교적 자연스러웠다. 서로 과장하거나 속이지 않았고, 각자 살아가는 이야기를 공유하는 것 외에 다른 의도는 없었다. 그래서 우리는 서로의 장점을 발견할 수 있었다. 나는 호르헤와 후안이 다정다

감하고 쾌활하다는 것을 알게 되었다. 그리고 토니에 대해서는 다른 친구들보다 좀 더 알고 있다고 생각했지만, 그의 너그러움과 헌신적인 마음을 전에는 몰랐었다.

 새벽 네 시에 드디어 사고를 당한 친구가 휠체어를 타고 한쪽 다리는 넓적다리까지 깁스를 하고 나타났다. 우리는 그를 토니의 차에 태우고 그의 집까지 데려다 주었다.
 그날 이후로 우리는 적어도 일 년에 두 번 정도 만나고 있고, 대개는 더 많은 동창들이 참석하지만 응급실 커피 자판기 앞에서 이야기를 나누던 우리 네 사람이 동창회 고정 멤버로 모임을 주도하게 되었다.

지혜와 감정균형
wisdom and emotional balance

 인간관계에 있어 어떤 한 특징만 부각시켜 붙여진 별명이나 그가 가진 직업 등은 편견을 불러일으킨다.

 편견은 상대에 대해 공정한 판단할 할 수 없게 하며, 긍정적인 행동에 대해서는 무감각하고 부정적인 행동에 대해서는 지나치게 민감하게 만든다.

 인간의 뇌는 과거의 경험에 따라 받아들이는 것을 필터링하는데, 그것은 우리가 사실적으로 인지하는 것을 거부한다는 것을 의미한다. 이를테면 '집요한 사람'이라고 믿고 있던 사람을 직접 만났을 때 그에게서 그런 선입견을 지워버리기란 매우 어렵다. 왜냐하면 우리는 이미 믿고 있는 것과 일치하는 것만을 받아들이기 때문이다.

 사람은 누구나 장점과 단점이 동전의 양면처럼 공존해 있어 우리의 전체적인 모습을 이룬다. 하지만 우리는 알게 모르게 마음에 드는 사람은 좋은 점만을, 그리고 마음에 들지 않는 사람은 나쁜 점만을 보게 된다. 두 경우 모두 근시안적 시각인데, 성숙한 사람은 상대의 전체적인 모습, 즉 장점과 단점을 모두 볼 줄 아는 사람이다. 마음에 들지 않는 사람에게서도 그가 가진 장점을 볼 수 있어야 하고, 마음에 드는 사람에게서도 그가 가진 단점을 볼 수 있어야 한다. 그래야 관계의 저울의 균형을 잡을 수 있고 발전적 관계를 유지해 나갈 수 있다.

칼데레타 만찬

　　　　　마놀로는 훌륭한 의사다. 마르크는 그의 먼 친척인데 두 사람은 몇 년 전부터 메노르카에서 휴가를 보낸다. 마르크는 열 살 때부터 여름마다 그 섬에 놀러갔고 마놀로도 꽤 오래전부터 그 섬에 와서 휴가를 보낸다.

 2년 전 마놀로는 마르크의 형이 많이 아플 때 그를 도와주었다. 의사로서 뿐만 아니라 인간적으로도 정성을 다해 그를 도왔다. 병세가 심할 땐 24시간 대기상태에 있었고,

마르크가 전화로 상담을 하면 성심성의껏 답변 해주었다.
 마르크는 마놀로에게 고마움을 표하기 위해 그를 메노르카의 자기 거처로 초대해서 그가 좋아할 거라고 생각하는 음식을 대접하기로 했다. 바다가 보이는 옥상정원에서 가재로 만든 칼데라타를 대접하기로 한 것이다.

 마놀로는 초대를 받고 기뻐하며 부인과 함께 저녁식사를 하기위해 마르크의 거처로 갔다. 마르크와 그의 부인은 정성껏 준비한 칼데레타와 그 외 음식들을 테이블에 다 차려놓고 두 사람을 맞이했다. 그들은 멋진 저녁시간을 보냈고 서로 마음이 잘 통했다. 마르크는 마놀로가 메노르카 섬의 맛있는 전통요리를 좋아하는 걸 보면서 흐뭇해했다. 마놀로의 도움에 비하면 약소하지만 고마운 마음만은 표할 수 있어서 기뻤다.

마놀로는 그 후로도 일이 있을 때마다 마르크를 도와주었고, 마르크는 그런 도움을 늘 고마워하며 가끔씩 그가 좋아하는 칼데레타를 대접하곤 했다. 사실 의사와 환자로 만나지 않는 한 두 사람은 일 년 내내 만날 일이 거의 없다. 그러나 마놀로는 마르크의 초대에 항상 응하고 마르크는 그와 만나는 날을 고대하며 기다렸다. 그러다보니 이제 두 가족은 친구이자 친형제처럼 만나 평온하게 담소를 나누며 칼데레타를 즐기는 것이 행복한 관례가 되었다.

지혜와 감정균형
wisdom and emotional balance

인간관계에서 어떤 매개체나 이벤트는 중요한 역할을 한다. 누구와는 음식 때문에 매우 가까워질 수 있고, 누구와는 노래나 캠핑 때문에 매우 가까워 질 수 있다. 사람은 매일 만나야 관계가 돈독한 것은 아니다. 가끔 만나는 관계가 더 돈독할 수도 있다.

 위의 이야기에서 두 사람이 휴가철에만 만난다 해도 관계의 저울은 긍정적인 쪽으로 기울 것이다. 최근에 나의 한 친구가 저녁을 먹으면서 이렇게 말했다.

"나는 함께 있고 싶어 하는 사람들과 같이 있을 때가 가장 행복해!"

 당연한 말이다. 많은 것을 가지고 있고 누리고 있어도 주위 사람과의 관계가 원만하지 못하면 그 사람은 불행하다. 위의 예화에서처럼 우리는 행복한 인간관계를 얼마든지 만들어낼 수 있다.

 관계 돈독을 위해 무언가 계획하고 실행하는 것은 그 자체만으로도 행복한 일이다.

Story 21
그래, 바로 그 가격이란다

나는 안토니아를 그녀가 일하는 한 기관의 복도에서 소개받았다. 나는 그 기관의 고문직 제안을 받고 방문하던 참이었다. 그녀는 내 이름을 듣자마자 나에게 말했다.

"당신과 나는 이미 아는 사이에요. 당신 아버지가 우리 아버지와 친한 친구거든요."

그 말을 듣자 나는 우리 집에서 안토니아라는 이름을 자주 들었던 기억이 났다. 그러나 그녀의 얼굴은 기억하지 못했다. 우리는 복도에서 가족들의 안부를 묻느라 잠시 이야기를 나누었는데 그녀가 이런 말을 했다.

"당신 아버지에 대한 이야기를 하나 해주고 싶은데 아마 당신은 모를 거예요."

그리고는 복도 한 가운데에서 이야기를 시작했다.

"우리 아버지 생일이었는데, 우린 아직 어린아이였을 때예요. 우리 형제들이 아빠한테 선물을 사드리려고 돈을 모으고 있었어요. 우리는 아빠가 오래전부터 카메라를 갖고 싶어 하신다는 걸 알고 있었죠. 그래서 우린 당신 아버지한테 도움을 청하기로 했지요. 카메라를 수입하는 당신의 아버지가 우리 아버지 친구라서요. 당신 아버지라면 우리를 도와주실 거라고 확신하고 있었거든요. 우린 곧장 당신 아버지 사무실로 찾아갔어요. 당신 아버지는 카메라가 가득

한 커다란 방에서 우릴 맞아 주었고, 거기엔 모든 종류의 카메라들이 다 있었어요.

우린 아빠께 선물을 하고 싶고 카메라를 살 생각을 하고 있다고 말했어요. 그러자 당신 아버지는 잠시 생각에 잠기더니 진열장에 놓인 카메라 하나를 꺼내서 우리에게 보여주셨어요. 우린 아빠한테 딱 안성맞춤이라고 말하면서 아빠가 마음에 꼭 들어 할 거라고 말했어요. 그리고 우리가 물었어요.

"그 카메라 얼마에요?"

그러자 당신 아버지는 우리에게 물었어요.

"너희가 가진 돈이 모두 얼마니?"

우리는 의기양양해서 용돈을 아껴 모은 돈의 금액을 말했어요.

"그래, 바로 그 가격이란다. 케이스와 부속품까지 다 합

쳐서…"
그래서 우리는 그 카메라를 살 수 있었어요.

우린 아빠 생일날이 되자 정성스레 포장한 카메라를 선물했어요. 아빠는 포장지를 뜯어보고는 많이 놀라셨죠. 멋진 카메라였으니까요. 아빤 선물을 받고 기뻐하면서도 무슨 꿍꿍이가 숨어 있다고 의심을 하셨지요.

"너희들 이 카메라 헤르만 아저씨한테서 샀지?"
"네, 헤르만 아저씨한테서 샀어요!"

우리가 자랑스레 대답하자 아빠는 얼굴에 미소를 지었어요.
몇 년이 지난 뒤, 우리는 아빠께 선물한 그 카메라가 그 당시 신화적인 명품 카메라 '라이카 M3'였다는 걸 알게 되었어요. 그리고 우리가 지불한 돈보다 열 배나 더 나가는 물건이란 걸 알게 됐어요. 그때 아빠의 미소는 친구인 당신 아버지가 몇 푼 안 되는 돈만 받고 그것을 우리에게 팔았다는 사실을 상상하고 지은 미소였던 거예요.

사실 나는 아버지에 대한 그 이야기를 모르고 있었고, 아버지가 돌아가시고 6년이 지난 뒤에 듣게 되어 기뻤다. 나는 안
토니아에게 그 값진 이야기를 들려줘서 고맙다는 인사를 하고 그날 밤 서둘러 집으로 돌아와 나의 아이들에게 그 얘기를 들려주었다.

지혜와 감정균형
wisdom and emotional balance

 위의 일화에서 안토니아의 아버지와 헤르만 아저씨는 친한 친구사이이고, 둘의 인간관계는 둘만의 우정에서 끝나지 않았다. 그것은 안토니아 형제들, 그리고 나와 나의 자녀들에게까지 이어졌다. 친구 자녀들의 마음을 이해하고 관용으로 품어준 헤르만씨의 따뜻한 마음씨는 안토니아 형제들의 마음에 간직되었다가, 세월이 흐른 후 자신의 딸에게 전달되었고 손녀 손자들에게까지 영향을 미친 것이다.
 미국의 존경받는 시인 롱펠로우는 사랑에 대해 이렇게 읊었다.

사랑이 헛되다고 말하지 마세요.

행한 사랑은 결코 소멸하지 않습니다.
지금 당장 상대방의 마음을 풍요롭게 하지는 못했더라도
그것은 수증기가 빗물이 되어 다시 돌아오듯
우리의 생으로 다시 돌아와 새로움으로 가득 채울 것입니다.

헤르만씨의 '그래, 바로 그 가격이란다'의 사랑은 많은 사람들의 생으로 다시 돌아와 새로움으로 가득 채운 것이다.

Story 22
알 수 없는 감정

카를로스와 아나 부부는 안토니오와 마르타 부부를 저녁식사에 초대했다. 두 부부가 서로 알게 된 것은 같은 학교에 다니는 아이들 때문이었다. 아이들을 데리러 가는 시간에 잠시 이야기를 나눈 뒤로 카를로스와 아나는 안토니오, 마르타 부부와 서로 마음이 잘 맞을 거라고 생각했다.

예상은 적중했다. 이들 부부는 식사를 하면서 유쾌한 대화를 나누었고 서로를 신뢰할 수 있다고 느꼈다. 이야기를 나눌 때마다 마음이 맞았으며 서로의 관점들이 비슷했다. 그들은 자신들의 생활과 걱정거리에 대해 허심탄회하게 털어놓았고, 처음으로 함께 저녁 시간을 보내는 사람들치고는 아주 깊은 대화까지 나누었다.

아나는 정성을 기울여 마르타 부부에게 그들이 자신들에게 매우 중요한 사람들이고 두 부부간에 진정한 우정이 싹텄다는 것을 느끼게 해주었다. 그렇게 우정 어린 대화가 오가며 밤이 깊어갔다. 네 사람은 같은 반 다른 학부모들에 대해서도 이야기를 나누었다.

아나는 호르헤와 사라 부부와는 개인적으로 마음이 맞지 않고 그들과 생각이나 가치기준이 많이 다르다고 말했다. 마르타와 안토니오도 동일한 생각을 갖고 있었고, 그들에게는 호감을 느낀 적이 없다고 말했다.

새벽에 헤어지면서 다음번에는 마르타와 안토니오의 집에서 저녁 시간을 보내기로 약속했다.

2주 후, 같은 반 학부모들이 학기 말을 맞아 모두 모여서 저녁식사를 했다. 안토니오는 참석하지 않았고 마르타는 좀 늦게 도착했다. 저녁식사가 시작되고 대화가 무르익어갔다.

 마르타는 아나가 호르헤 바로 옆에 앉아서 대화에 열중하는 모습이 신경 쓰였다. 식사시간이 길어지면서 몇몇은 진토닉을 마셨고 분위기가 한층 고조되었다. 마르타는 아나와 호르헤가 겉으로 보기에는 대화가 매우 잘 통하는 것처럼 보인다고 생각했다. 일주일 전 아나가 자기에게 한 말과는 전혀 맞지 않은지라 그녀는 이 상황을 어떻게 받아들여야 할지 머릿속이 혼란스러웠다. 그러나 마르타는 더 이상 그들에게 신경 쓰지 않고 다른 학부모들과 즐겁게 환담을 나누었다.

 집에 도착해서 안토니오가 모임 분위기가 어땠냐고 물었을 때, 마르타는 자신이 무언지 모를 이상한 감정을 느끼고 있다는 사실을 깨달았다. 그것은 자신도 알 수 없는 좀 이상한 감정이었다. '아나가 나와 얘기하지 않고 호르헤와만 대화를 나누어서 내가 불쾌한 것인가? 일주일 전 우리 부부와 가졌던 공감대가 지속되지 않아서 그런 건가?' 아무튼 무슨 감정인지 잘 알 수 없었고, 다만 무언가 불편한 건 사실이었다.

마르타는 생각을 정리해 보았다.

아나가 자기 입으로 호르헤는 마음에 들지 않는다고 말해놓고 이번 모임에서는 마음이 잘 맞는 것처럼 행동했다. 그냥 겉으로 그렇게 했을 수도 있지만, 왠지 일주일 전 자기에게 친근감을 표시했던 행동과 동일해 보였다. 대화도 그렇고 제스처도 그랬다.

그러자 그녀는 문득 불길한 예감이 들었다.

"그렇다면 아나가 우리 부부에게도 연기를 한 건가?…"

지혜와 감정균형
wisdom and emotional balance

 인간관계에서 진정성은 신뢰와 친밀도의 주춧돌이 된다. 그러나 우리는 흔히 다른 사람들의 마음에 들려고 하거나 관심을 끌려고 할 때, 진정성 보다는 그 사람이 듣기 좋아하는 말부터 하게 된다. 그것이 처음에는 인간관계의 감정의 저울에서 긍정적으로 작용할 수도 있지만, 우리의 말이나 행동이 진실하지 못하다는 것을 알게 되는 순간 그것은 오히려 부메랑이 되어 돌아온다.

 진실 되지 않은 모습이 탄로 나면 그 거짓 뒤에 숨겨진 본심을 의심받기 시작하여 뒤늦게 해명하려 해도 전혀 진심이 받아들여지지 않는 경우가 종종 있다. 한 번 생긴 불신

감은 인간관계에서 치명적이다.

 인간관계에서 가장 중요한 가치 중 하나는 '진실한 나'이다. 내가 진실하지 않으면 상대방도 진실로 나를 대하지 않는다. 만일 어느 한쪽이 그 고리를 깨트리면 거짓된 관계가 계속되고 피상적인 관계로 전락하고 만다.

돈독한 인간관계를 맺고 싶다면 첫 번째로 갖춰야 할 덕목이 '진실한 나' 임을 명심해야 한다.

Story 23
카를로스와 호르헤의 모히토 이벤트

라우라는 바르셀로나 행 비행기가 또 연착한다는 전광판을 힘없이 바라보았다. 금요일, 지옥과도 같은 한 주의 지나간 일들을 되돌아보며 그녀는 무언가 일이 잘못되었다는 것을 깨달았다.

라우라는 동료 두 명과 동업으로 상담소를 운영하고 있지만, 늘 상담소의 책임을 도맡는 건 다름 아닌 그녀였다. 다른 두 동업자도 그 사실을 인정하는데, 그래서 그녀를 '보스'라고 불렀지만 그건 허울 좋은 호칭일 뿐이었다. 라우라는 최후통첩을 하려고 동업자 중 하나인 카를로스에게 전화를 걸었다.

"카를로스, 나 지금 세비야공항인데 비행기가 또 연착이라 매우 지쳐있어. 그렇지만 이번엔 얘길 좀 해야겠어. 나 이제 더 이상은 못 참겠어. 모든 업무를 나한테 떠미는데 그렇게 하면 우린 함께 일할 수 없어. 어떤 방법으로든 이 문제를 해결해야겠어."

한편 카를로스는 라우라의 전화를 받고 걱정이 되어서 서둘러 뭔가를 해야 한다고 생각했다. 보스가 몹시 힘들어하기에 그대로 내버려둘 수는 없었다. 대책을 세워야만 했다. 그래서 또 다른 동업자인 호르헤에게 전화를 걸어 즉시 행동을 취하기로 했다.

라우라가 바르셀로나 공항에 내리자 동업자들이 그녀를 기다리고 있었다. 카를로스와 호르헤는 그녀를 보자마자 이렇게 말했다.

"보스, 보스가 너무 힘들어하는 거 같아서 우리가 사무실에 가만히 앉아서 기다릴 수 없었어. 그 문제를 해결하려고 우리가 이리로 온 거야."

라우라는 의외라고 생각하면서 마음이 조금 누그러졌.

'이 친구들이 이제야 내 심정을 이해를 하는 구나' 하고 생각했지만 아직 화가 풀리는 건 아니었다.

차에 탄 뒤 라우라는 차가 사무실이 아닌 다른 곳으로 가는 것을 알아차렸다.

"카를로스, 어디로 가는 거야?"

"응 보스, 우리가 작은 이벤트 하나를 준비했어."

카를로스는 차를 몰고 최근에 문을 연 어떤 호텔로 향했다. 테라스에 테이블 하나를 예약해둔 터였다. 정면으로 바다풍경이 보이는 그런 곳이었다.

라우라가 무슨 영문인지 몰라 어리둥절해하는데, 카를로스가 모히토(럼, 레몬즙, 물, 설탕으로 만든 음료에 박하 가지를 장식한 것) 세 잔을 주문했다.
라우라는 갑자기 피가 끓어올랐다. 그녀는 모히토 한 잔을 후딱 마신 뒤, 한 잔을 더 주문했다. 잔을 비운 그녀는 더 이상 참지 못하고 단도직입적으로 말했다.
"너희들과 당장 끝내고 싶어! 나는 일이 바빠서 이리 뛰고 저리 뛰는데 해결책이라고 내놓은 게 고작 나와 모히토나 마시러 오자는 거였니?"
카를로스와 호르헤는 어리둥절했다. 자신들이 진심으로 미안해하며 그녀를 도와주려고, 그리고 진심으로 걱정하는 마음을 전하려고 기회를 만든 것인데, 그녀는 오해를 하고 되레 화를 내고 있었기 때문이었다.

지혜와 감정균형
wisdom and emotional balance

 우리는 각자 성격이 다르기 때문에 동일한 사건에 대해서도 완전히 다른 시각을 가질 수 있다.
 어떤 경우는 사람에 따라 상황을 정반대로 받아들일 수도 있다. 일반적으로 이성이 강한 사람들은 비교 가능한 자료와 객관적인 근거를 바탕으로 상황을 판단한다. 반대로 감성이 강한 사람들은 주관적이고 감정적인 것을 바탕으로 상황을 판단한다.
 인간관계에서는 항상 오해의 소지가 많다. 왜냐하면 서로의 시각이 달라서 한쪽이 상대방의 행동을 매우 다르게 해석할 수 있고, 마음상태를 잘 모르기 때문이다.
 누구나 잘 아는 〈소와 사자의 사랑 이야기〉가 있다.

그 이야기에서 소와 사자는 상대방의 입장을 고려하지 않은 채 각자 자기 방식으로 사랑을 주고 최선을 다했다고 생각한다.

 이처럼 카를로스와 호르헤도 라우라의 입장을 충분히 고려하지 않은 체 '모히토 이벤트'를 준비했고, 그것이 동료를 향한 위로라고 생각했던 것이다. 그래서 모처럼 준 진심이 오해를 불러일으키며 감정의 저울이 나쁜 쪽으로 기울어버렸다. 배려와 사랑은 주는 사람의 만족보다 받은 사람 쪽에 초점이 맞춰져 있어야 한다.

Story 24
루마니아의 풍습

마리나는 바르셀로나 외곽 지역인 시우탓베야의 한 가게에서 일한다. 인적이 드문 곳에 위치한 작은 가게라서 주로 마을 주민들이 물건을 사러 온다. 마리나는 그들을 잘 알고 그들의 이름을 부르며 맞아준다.

몇 주 전부터 가게의 단골손님으로 루마니아에서 온 한 아가씨가 드나들기 시작했다. 이름이 류바인 그녀는 상냥하고 인상이 좋은 데다 정겨운 목소리를 갖고 있었다. 마리나는 그녀를 늘 친절하게 맞아주었고, 관심은 있지만 그녀에 대해서 아는 게 별로 없었다. 가게 바로 옆 건물 아파트에 세 들어 산다는 것 외에는 아직 그녀에 대해 잘 몰랐다. 물건을 사러 올 때 잠시 나누는 대화로는 더 자세한 걸 알 수 없었다.

 그러던 어느 날, 류바가 봉투를 하나 들고 가게로 들어왔다. 그녀는 아무 말 없이 서서 마리나가 다른 손님과의 일이 끝나기를 기다렸다. 손님이 나가고 단둘이 남자 류바는 봉투에서 자기 나라의 전통 케이크가 담긴 접시와 와인 한 잔, 그리고 양초 하나를 꺼내어 마리나에게 내밀었다.
 마리나는 놀라서 어안이 벙벙했다. 그러자 류바는 그날이 루마니아에서 매우 중요한 날이며, 자기 나라에서는 그날 특별한 사람에게 케이크와 와인 한 잔을 선물하는 풍습이 있다고 설명했다.

"양초도?…"
마리나가 고마움과 놀라움이 섞인 투로 물었다.
"네, 양초를 켠 다음 다 탈 때까지 특별한 사람과 시간을 보내는 게 루마니아 풍습이에요."

얘기를 듣고 보니, 류바는 개인적으로도 그날이 특별한 날이었다. 어머니가 돌아가신 지 일주년이 되는 날이라고 했다. 스페인 바르셀로나에는 가족이나 친구가 하나도 없고 아는 사람 중에 마리나가 자신을 가장 따뜻하고 친절하게 맞아주었다고 했다. 마리나처럼 자기 이름을 정답게 불러준 사람이 아무도 없다고 했다. 그래서 마리나가 자신에게는 그 해의 가장 특별한 사람이고 작은 선물은 고마움과 우정의 표시라고 했다.
마리나는 그 선물을 받아 카운터 옆에 놓고 그녀를 따뜻하게 안아주었다. 그리고 양초를 켠 다음 케이크를 먹으면서 개인적인 소소한 대화를 나누었다.

 그날 오후 마리나는 가게 문을 닫으면서도 다른 날과 다르게 매우 벅찬 감동이 남아 있었다. 자기와 별로 시간을 많이 보내지 않은 사람이 자기를 그토록 생각해주고, 특별한 사람으로 여겨주고, 자기 나라 케이크까지 직접 만들어주었기 때문이었다. 그리고 무엇보다도 지금까지 가게에 물건을 사러 와서 자신을 점원이 아닌 우정의 대상으로 대해 준 사람은 류바 밖에 없었기 때문이었다. 마리나는 자기가 류바를 위로해 준 것이 아니라, 류바가 자신을 위로해 준 것이라고 생각했다.

지혜와 감정균형
wisdom and emotional balance

 다른 사람과 좋은 감정을 나눈다는 것은 용기 있는 행동이다. 진지하게 생각해 보았는지 모르지만 분명한 것은 우리는 다른 사람들과 감정을 잘 나누지 못한다는 것이다. 그 이유는 그들이 어떤 반응을 보일지 두려워하기 때문이다.

 인간관계, 특히 직업적인 관계에서는 우리 속마음을 숨기고 남들과 감정을 나눌 기회를 가지려 하지 않는다. 긴 시간을 많은 주제와 여러 상황에 대해 이야기하지만 개인적인 감정을 드러내는 데는 인색하다. 서로의 감정을 공유하는 데까지 이르지 못하는 관계는 곧 시들해지고 잊혀져버린다.

류바는 낯선 나라 사람인 마리나에게 자기감정을 드러내는 것이 쉽지 않았을 것이다. 왜냐하면 마리나의 반응이 어떨지 모르기 때문이다. 만약 마리나가 그녀의 호의를 가볍게 받아들이거나 속내를 의심해서 거절했다면 류바는 큰 상처를 입었을 것이다. 그러면 류바 입장에서는 감정을 드러내지 않은 것만 못했을 것이다. 그러나 류바는 용기 있는 행동을 했기 때문에 소중한 관계를 시작할 수 있게 되었다.

 인간관계에서 적당한 타이밍에 감정을 나누는 것은 피상적 관계에서 소중한 관계로 전환되는 터닝 포인트가 될 수 있다. 인간관계에서는 자신을 고립시키면 절대 문이 열리지 않는다.

제대로 된 친구라면 당신이 잘못하고
있을 때도 당신 편을 들어준다.
당신이 잘하고 있을 때는 누구든
당신 편을 들어줄 것이다.

-마크 트웨인-

{ Part. 4 사회 }

'인정'은 인간관계에서 행동강화를 불러
일으키는 가장 좋은 감정의 도구이다.

Story 25
당신 아들은 죽는다고요!

산드라의 할머니가 병원에 입원했다. 98세의 고령에 담낭에 염증이 생겨서 상황이 좋지 않았다. 산드라는 주말인 데다 특별히 할 일도 없었기에 할머니가 쓸쓸하지 않게 옆에서 말동무가 되어 주었다.

옆 침대에는 심각한 폐질환을 앓는 서른이 좀 넘은 청년이 입원해 있는데, 숨을 잘 쉬지 못하고 아슬아슬한 순간을 맞고 있었다. 그 청년의 어머니는 근심이 그득해서 계속해서 당직의사를 불러댔다. 처음에는 인터폰으로 부르다가 급기야 복도까지 나가 큰 소리로 불렀다. 간호사들은 의사에게 연락했으니 곧 올 거라고 안심시켰지만, 그 어머니는 당장 의사가 와야 한다며 목소리를 높였다.

산드라는 마침 다리가 뻐근하여 스트레칭을 하려고 복도에 나와 있던 터라 그 상황을 똑똑히 목격했다.
사람들의 이목이 쏠린 가운데 몇 분이 지나자 의사가 도착했다. 젊은 레지던트였는데 당직을 오래 서서인지 피곤해 보이고 눈 밑에 다크서클이 자욱했다. 청년의 어머니는 의사를 보자마자 사람들이 보는 앞에서 그에게 다가가 왜 이렇게 늦었느냐고 마구 따졌다. 그러자 레지던트는 얼굴을 붉히면서 이렇게 내뱉었다.
"아주머니, 뭘 원하세요? 당신 아들은 죽는다고요. 이미 말씀드렸잖아요!"

그 말이 끝나자마자 청년의 어머니는 복도 바닥에 푹 주저앉았다. 간호사들이 급히 달려와 청년의 어머니를 부축했고, 산드라는 살그머니 할머니의 병석으로 돌아왔다.

지혜와 감정균형
wisdom and emotional balance

 우리의 뇌는 깨어있는 동안 늘 의식적으로 작동한다. 그러나 두려움이나 공격을 당한다고 느끼는 순간에는 의식회로가 차단되어 예측할 수 없고 통제 불가능한 반응을 한다. 의식을 지배하는 것이 변연계 뇌인데 이것은 우리의 특별한 자동조종 장치로서, 위험이나 공격에 재빠르게(의식회로보다 훨씬 더 빠른 속도로) 대응할 수 있는 매우 효율적인 시스템이다.

 그러나 이 시스템은 우리가 길을 건너려고 도로에 발을 내딛는 순간 급브레이크 밟는 소리가 들리면 무의식적으로 뒤로 물러난다거나 하는 등의 위험으로부터 우리를 보호해 주지만, 단지 두 가지 반응, 즉 피하거나 아니면 반격을 가하는 대응만 한다.

 위의 예화에서 청년의 어머니는 자기 아들의 숨이 가빠지는 모습을 보고 놀라서 이성을 차릴 겨를도 없이 의사에게 공격적으로 행동했다.

 그리고 의사는 공격을 당한다고 느끼고 완전히 비이성적인 반격을 가했다. 두 사람 모두 이성적으로 행동하지 않은 것이다. 그래서 두 사람은 의사와 환자보호자로서의 관계를 망치고 말았다. 물론 이들이 나쁜 의도로 이러한 행동을 한 것은 아니다. 그들은 두려움이나 공격에 대한 무의식적 반응을 한 것이다. 하지만 결과는 둘의 관계를 처참하게 만들고 말았다.

 그렇다면 이러한 경우에 관계회복을 위해 어떤 효과적인 방법이 있을까? 우리의 말이 의식적이고 논리에 바탕을 둔 상황 악화라면 문제는 훨씬 더 심각해진다. 그러나 의식회로의 단절로 인해 무의식적으로 한 행동이라면 진심 어린 사과를 통해 상황을 역전시킬 수 있다. 법률에서도 정당방위는 면책되듯 인간관계에서도 위험 앞에서의 무의식적 행동은 쉽게 용서받을 수 있다.

 상호 실수를 인정하고 사과하면 인간관계의 감정의 저울은 다시 균형을 잡는다.

Story 26
반론의 여지가 없는 진단

가슴 엑스레이 사진 결과가 의심스러워 서둘러 찍은 CT촬영은 최악의 상황을 확인해주었다. 마흔 여덟 살의 내 동생이 폐암에 걸린 것이다. 3일 후 손상된 림프절을 떼어내 조직검사를 받았다.

모든 일이 너무 갑자기 일어나서 대처하거나 적응할 겨를이 없었다. 나와 형제들은 그 일을 어떻게 받아들여야 할지 몰라 당황하며 병원 복도를 서성댔다. 하늘이 무너져 내리는 것 같았고, 의구심이 계속 꼬리를 물었다.

"정말 악성 종양일까?… 수술을 하면 좋아질 수 있을까?…"

내 머릿속은 어느새 가장 고통스러운 상황도 가정하고 있었다.

"열네 살과 열두 살짜리 조카들은 이 사실을 어떻게 받아들일까?… 어머니께는 뭐라고 말씀을 드리지?…"

검사대기실에서 서성이던 나는 친구인 의사와 마주쳤다. 그는 몇 년 전 우리 아버지를 수술한 의사인데, 그 일 이후로 서로 친분을 유지했다. 인사를 건네자 그가 병원에는 무슨 일로 왔느냐고 물었다.

"내 동생이 방금 조직검사를 받았네. 폐암일 수도 있대."
"담당 의사가 누구지?"

그가 깜짝 놀라며 물었다.

내가 담당 의사의 이름을 알려주자 그가 말했다.

"마침 그 의사가 이리 오고 있군. 내가 직접 검사 결과를 물어보지."

그는 병원 복도 한가운데서 내가 지켜보는 가운데 담당의사에게 물었다. 그러자 담당의사는 아무렇지도 않다는 듯 내게 다 들리도록 태연히 대답했다.

"암이 확실해. 전혀 손을 쓸 수가 없어. 기껏해야 4개월 정도 살 수 있을까?… 수술 같은 건 안 하는 편이 나아. 효과도 없는 수술을 해서 여러 사람 힘들게 할 필요는 없어!"

나의 친구 의사는 자신의 동료가 너무도 냉랭하게 상황설명을 하는 것을 보고, 내가 환자의 형이라는 것을 모른다고 생각했던 모양이다. 그래서 자기가 보기에 큰 실수를 저지른 그 담당 의사를 구해주려고 이렇게 말했다.
"이 사람이 환자의 형일세."
그러자 담당의사는 무표정한 얼굴로 대답했다.
"나도 이미 알고 있었네. 아까 눈치 챘어."
담당의사의 말투는 환자 가족의 고통 같은 건 전혀 개의치 않고 있었다. 게다가 희망의 여지가 전혀 없는 그 진단은 나의 억장을 무너뜨렸다.

지혜와 감정균형
wisdom and emotional balance

 가족 중 누군가가 시한부 선고를 받았다면, 그것을 본인에게 알려 죽음을 준비하게 하는 것이 옳은지, 알리지 않고 끝까지 희망을 잃지 않도록 하는 것이 옳은지 의견이 분분할 때가 있다. 판단은 상황의 정도에 따라 다를 수 있겠지만, 인간은 노령으로 내일 죽게 된다하더라도 끝까지 삶에 대한 애착과 희망을 버리지 않는 것이 근본 속성이다. 실낱같은 희망이라도 빛을 잡고 죽는 것과 절망 속에서 어둠을 잡고 죽는 것은 큰 차이가 있을 것이다.
 의사라는 직업은 단순히 의료행위만 하는 기술인이 아니다. 그래서 그들은 의사가 될 때 '히포크라테스 선서'라는 것을 한다. 의술인 이기 이전에 사랑과 자비심으로 환자를 돌보고 치료해야 한다는 윤리적, 인격적 다짐인 것이다. 위기에 처한 환자나 환자의 가족은 의사 앞에서는 신탁을 기다리는 기도 자와 다를 바 없다. 의사의 말 한마디에 따라 그들은 천국과 지옥을 왔다 갔다 한다.

 모든 좋은 인간관계는 상대를 존중하고 배려하는 인격적 발로에서 출발한다.
 테크닉도 필요하지만 그 이전에 상대의 입장이 되어보는 배려심이 먼저다. 남을 배려할 줄 아는 사람에게서는 향기가 나고 그 향기는 결국 자신에게로 돌아간다. 그것이 인간관계의 기본 균형추이다.

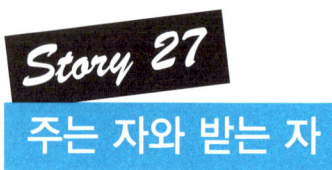
주는 자와 받는 자

        리타는 뉴욕에서 의학을 공부하고 있었다. 산부인과를 전공하기 위해 부푼 꿈을 안고 에너지가 넘쳐서 이 도시에 도착한 것이다.

 그녀는 어퍼 이스트 사이드에 거처를 정했는데, 형편이 넉넉지 않아 다른 사람과 함께 작은 아파트를 임대해서 같이 살았다. 뉴욕 대학의 라이선스 획득 과정은 만만치 않았기 때문에 그녀는 이 아파트에서 자신이 원하는 전공시험을 통과하기 위해 수많은 시간을 공부에 전념했다. 그러나 좁은 아파트에서 장시간 공부한다는 것은 쉬운 일이 아니었다. 그래서 그녀는 아파트가 너무 답답할 때는 정리한 자료들을 들고 길모퉁이의 커피숍으로 가서, 아메리카노 한 잔을 마시며 오후 내내 다른 분위기 속에서 공부를 하기도 했다.

어느 날 저녁, 리타는 커피숍에서 열심히 공부한 뒤 피곤해서 잠시 휴식을 취하고 싶었다. 그래서 자신이 사는 아파트로 가는 대신 95번가에 사는 친구를 만나러 갔다. 거리는 거의 텅 비어있었고 행인도 별로 눈에 띄지 않았다. 그런데 그녀가 서드 에비뉴를 지나갈 때 거지 한 사람이 그녀에게 다가왔다. 나이가 지긋한 흑인으로 곱슬머리가 희끗희끗해 보였다. 남루한 옷을 입고 흐트러진 물건들이 담긴 카트를 힘겹게 끌며 다가왔다.

리타는 그 사람의 온순한 눈빛을 보고 일단 안심하면서 잠시 그가 무슨 말을 하나 들어보기로 했다. 그러자 그 거지는 리타 에게 돈을 좀 달라고 했다. 하지만 리타는 그때 돈이 한 푼도 없었다. 자신의 한 달 생활비도 보름이 지나면 다 떨어지곤 했기 때문이었다. 리타는 잠시 멈춰 서서 거지의 눈을 물끄러미 바라보다가 가슴이 뭉클해짐을 느꼈다. 그녀는 거지에게 돈이 없어서 미안하다고 하며 자신은 외국 유학생이라고 친절히 설명했다. 그런 다음 줄 것은 아무것도 없지만 건강하게 잘지냈으면 좋겠다고 정중하게 인사를 했다.

둘은 작별인사를 나눈 뒤 각자 가던 길로 갔다. 리타가 반 블록쯤 가고 있을 때, 그 거지의 외치는 소리가 들렸다.

"아가씨, 아가씨!"

리타가 멈추어 서자 거지가 카트를 끌고 서둘러 달려왔다.

그는 카트에 담긴 지저분한 플라스틱 박스를 뒤적이더니 검은색 동전 지갑을 찾아냈고, 거기서 금도금한 작은 메달 하나를 꺼 냈다. 그리고 그것을 리타에게 내밀었다.

"자, 받으세요. 나를 그런 진실한 눈으로 바라봐준 사람은 여태껏 아무도 없었어요!"

리타는 그에게 특별히 해준 게 없었기에 깜짝 놀라라면서 엉겁결에 그 메달을 받았고 지금도 그 선물을 소중히 간직하고있다.

지혜와 감정균형
wisdom and emotional balance

 거지는 무언가를 구걸하고 사람들은 그 거지에게 무언가를 줘야 한다는 것이 사회적 통념이다. 그러나 위의 예화에서 통념은 깨졌다. 자신은 가진 것이 많지 않기 때문에 누군가에게 무언가를 줄게 없다고 말하는 사람들이 많다. 그러나 우리에게는 남에게 베풀 수 있는 게 너무나 많다. 리타처럼 진실한 눈빛, 아니면 애정 어린 말 한마디, 따뜻한 포옹 한 번 등등 이런 것들은 알량한 자선보다 훨씬 더 힘을 발휘할 때가 있다.

 우리 주변에는 눈에 잘 띄지 않는 사람이 있는데, 그런 사람들은 다른 사람의의 관심을 받지 못하는 사람들이다. 아침에 아무도 인사를 해주지 않는 말단직원, 사람들이 인사도 하지 않고 그의 옆을 지나치는 건물 경비원, 저녁식사 모임 시간을 정할 때 전혀 고려의 대상이 되지 않는 여직원 등이 그들이다.

 인간은 사회적 동물이기 때문에 다른 사람들의 눈에 띄지 않는 것은 개인이 겪을 수 있는 가장 힘든 경험 중 하나이다. 그래서 그들에게는 진실한 말 한마디나 애정 어린 동작 하나, 소소한 대화가 의외로 큰 힘을 발휘할 때가 많다. 그들은 인사 한 마디에서도 자신이 한 인간으로 인정받고 있다고 느끼기 때문이다.

 우리는 바쁘고 할 일이 많아 시간이 부족한 사회에서 살아가고 있다.

 그렇지만 잠시 멈추고 내 주변의 눈에 잘 띄지 않는 사람들의 존재를 인정해주는 것은 결국 내 마음을 풍요롭게 살찌우는 덕목이다.

Story 28
향기로운 감사

       그의 첫 작품이 출판된 지 몇 달 되지 않아 예상 밖의 놀라운 반응을 일으켰다. 처녀작이 대형서점의 베스트셀러 리스트에 오르는 경우는 흔하지 않기 때문에 하비에르는 잠에서 깨고 싶지 않은 꿈을 꾸는 것 같았다.

출판사 편집장이 책의 끝 부분에 적어 넣자고 주장한 이메일 주소에(하비에르는 스팸메일을 염려해 굳이 적어 넣지 말자고 주장했었다) 그의 책을 인정해주는 수많은 메시지가 도착했다. 그의 친구들도 그 책을 칭찬해주기 위해 전화를 해주었다. 하비에르는 그 모든 것에 감사했고 진정으로 그 기쁜 상황을 즐겼다.

 어느 날 오전, 하비에르가 사무실에서 일하고 있을 때 봉투 하나가 배달되었다. 로고를 보니 유명한 회사의 것이었다. 그 안에는 정성스레 포장한 작은 상자와 메모지가 들어있었다. 궁금해서 상자를 열자 그가 좋아하는 값비싼 향수가 들어있었다. 어떤 사람이 왜 보냈는지 알아보려고 메모지를 읽어보았다. 그런데 정작 발송자의 이름이 없어서 그는 당황스러웠다. 메모지에는 다만 '특별한 선물을 보내는 이유는 선생님의 책을 며칠 전에 읽었는데 저에게 큰 도움이 되었습니다. 그것에 대한 감사표시로 이 선물을 보냅니다.'라고만 쓰여 있었다.

하비에르는 7년이 지난 지금도 그 이름 모를 독자로부터 처음 받은 향수를 사용하지 않은 채 고이 간직하고 있다. 그에게 그렇게 독특하고 놀라운 방식으로 고마움을 전한 사람을 기억하기 위해서이다. 그는 누군가에게 향수를 보여주며 자랑할 때 그것을 '향기로운 감사'라고 불렀다.

지혜와 감정균형
wisdom and emotional balance

 감사하다고 말하는 것과 감사를 표하는 것은 분명 다르다. 우리는 일상생활에서 감사하다고 말하는 것을 예의 바른 행동으로 여기고, 누군가 자신에게 감사하다는 말을 해주기를 바라지만 사실 하건 안하건 실생활에 큰 영향을 미치지는 않는다. 그러나 누군가 우리에게 말로 감사를 표하는 대신 감사한 마음을 행동으로 보여주면 상황은 달라진다.
 우리가 고마워하는 마음을 다른 사람이 느끼게 하려면 아이디어와 시간, 때로는 돈을 투자해야한다. 하지만 곰곰이 생각해보면 그것은 상대를 감동시킬 뿐만 아니라 자신이 관계의 복을 받는데 최선의 투자를 하는 것이다. 말로 감사하지 않고 행동으로 감사를 표하는 것은 인간관계의 비밀의 감정의 저울에서 금을 얹는 것이다.

따뜻한 미소

 대학 기말시험 날, 과목 담당교수인 글로리아는 시험 시작을 미루고 있었다. 학생 한 명이 아직 오지 않았기 때문이었다.

 글로리아는 자신의 강의에 참석하는 여러 학생들을 다 알지는 못해도 소니아 만큼은 잘 알고 있었다. 소니아는 수업에 한 번도 빠진 적이 없고 강의 시간에는 누구보다도 열심히 귀 기울여 듣는 학생이었기 때문이다. 훌륭한 학생이 시험에 불참해서 낙제를 하는 것이 안타까웠던 글로리아는 다른 학생들에게 양해를 구하고 5분을 더 기다려주었다. 하지만 그때까지도 소니아는 도착하지 않았다. 그러자 글로리아 교수는 하는 수 없이 학생들에게 시험지를 나누어 주었다.

 글로리아 교수는 소니아에게 무슨 사고라도 있는 건 아닌지 걱정이 되었다. 틀림없이 아프거나 무슨 특별한 사정이 있을 거라는 생각이 들었다. 그녀는 시험이 끝나자 시험지를 걷고 차를 마시기 위해 카페테리아로 갔다. 그런데 거기서 글로리아 교수는 깜짝 놀랐다. 소니아가 친구들과 함께 즐겁게 대화를 나누는 모습을 발견했기 때문이었다. 당황한 그녀는 마음을 진정하고 커피를 시킨 다음, 소니아와 이야기를 나눌 기회를 엿봤다. 잠시 후 소니아가 자리에서 일어나는 것을 보고 글로리아는 그녀에게로 다가가서 물었다.

 "소니아! 한 학기 동안 그렇게 열심히 수업을 들어놓고 오늘 왜 시험을 치지 않았지? 무슨 일이 있니?"
 그러지 소니아는 아무렇지 않은 듯 대납했다.

"사실은 저는 3학년인데 이미 작년에 다른 교수님으로부터 그 과목 학점을 받았어요."

글로리아는 놀라지 않을 수 없었다. 소니아는 자신의 수업을 들으면서 세션 때마다 남다른 관심을 보여주었는데, 이미 학점을 받았다니 이해할 수 없었다. 그래서 다시 물었다.

"그런데 왜 학기 내내 내 수업을 열심히 들은 거니?"

소니아는 잠시 후 이렇게 대답했다.

"학점은 받았지만 그 과목에서 한 가지 궁금한 게 있어서 우연히 교수님 강의에 참석했었고, 첫 수업에 들어갔을 때 전 아는 사람이 아무도 없어서 두려웠는데 교수님이 저를 미소로 맞아주고 맨 앞줄에 앉으라고 권해주셨어요. 교수님은 잘 기억하지 못하실 거예요. 어쨌든 그 후로 교수님 수업이 제게 유익했기 때문에 계속 들은 거예요."

지혜와 감정균형
wisdom and emotional balance

 위 사례에서 소니아는 사소한 일로 글로리아가 특별한 교수라고 판단했고, 이미 학점을 받았지만 그녀의 수업은 들을만한 가치가 있다고 생각한 것이다. 그런데 인간관계 관점에서 볼 때, 더 큰 긍정적 영향을 받은 사람은 소니아가 아니라 글로리아 교수이다. 그녀는 이 사건으로 인해 자신이 교수로서 역할을 잘하고 있다는 인정을 받은 것이다. 이러한 인정은 정상적인 조건에서는 흔하게 일어나지 않고 또 명백하게 드러나지도 않는다.

 우리는 타인과의 관계에서 비난이나 비평은 서슴지 않고 하면서 인정을 해주는 데는 인색하다. 우리는 남을 인정해줄 때 얻는 커다란 이익을 잘 인식하지 못한다. 무언가를 잘하는 사람이 한두 번 인정을 받으면 계속해서 그 일을 잘하려고 하는 현상을 전문용어로 '행동강화'라고 하는데, 이 현상은 누구에게나 있다. '인정'은 인간관계에서 가장 좋은 감정의 도구이다.

 일상생활에서 늘 일을 잘하는 사람은 오늘도 일을 잘했을 거라고 단정해버리기 때문에 굳이 인정을 해줄 필요가 없다고 생각한다. 그러나 이것은 우리가 저지르는 큰 실수이다.

 왜냐하면 '인정'은 우리가 일을 잘하든 못하든 우리 모두에게 감정상 필요한 것이며, 언젠가 우리가 받을지도 모르는 모든 비난을 보상해주기 때문이다.

인간관계에서 다른 사람의 장점을 잘 인정해주는 것은 분명히 기술이자 덕목이다. 기술을 가진 자와 못 가진 자, 덕목을 가진 자와 못 가진 자는 절대로 그 삶이 똑같지 않다.

뭘 도와드릴까요?

일요일 아침이었다. 춥지만 화창한 겨울의 일요일, 수사나는 바르셀로나의 에이샴플라 중심가를 걷고 있었다. 맞은 편 보도의 한 벤치에 허름한 차림을 한 다섯 명의 사람들이 몸을 움츠리고 있었다. 수사나는 자신의 차가 있는 곳으로 가려고 길을 건넜다. 그들 곁을 지나갈 때 한 여성이 그녀의 시선을 확 끌었다. 큰 고통이 서려있는 서글픈 눈매였다.

그 여성이 수사나가 지나갈 때 불렀다.

"아주머니!"

그녀의 표정은 불안하고 도움을 요청하는 눈길이었다.

"뭐 필요한 게 있으세요?"

수사나가 돈을 좀 주든지 아니면 어디 보호소 같은 데로 데려다 줄 생각을 하면서 물었다. 그녀의 표정은 병원이나 치료해줄 어디론가 데려가주기를 요청하는 것 같았다.

"뭘 도와드릴까요?"

수사나가 물었다.

그러자 그 여성은 불안해하며 대답했다.

"아니요, 아뇨."

"병원에 데려다 드릴까요?"

수사나가 다시 물었다.

"아니요, 어디 아프진 않아요."

수사나는 의아해서 그녀를 물끄러미 바라보았다. 자기를

부른 데는 무슨 이유가 있을 텐데 계속 아니라고만 대답하니 의아했던 것이다.

 한참을 바라보고 있자니 마침내 그 여성은 기어들어가는 목소리로 말했다.

 "제가 바라는 것은 제게 입맞춤 해주는 거예요."

수사나는 잠시 망설이다가 그녀에게 다가갔다. 노숙하며 씻지를 않아서 얼굴이 더러웠다. 하지만 수사나는 용기를 내어 그녀의 뺨에 입맞춤을 해주었다. 그리고 다시 물었다.

 "뭘 좀 사드릴까요?"

 "아, 아니에요."

그녀는 한층 밝아진 표정으로 수사나를 올려다보며 대답했다.

 "그게 제가 바라던 전부예요. 남들이 저게 입맞춤을 해준 게 언제인지 모르겠어요."

수사나는 여성의 마음을 조금은 이해할 수 있을 것 같았다.
"더 필요한 게 있으면 말씀해보세요. 제가 도와드릴게요."
그 여성은 이제 불안이 말끔히 가신 표정으로 수사나에게 말했다.
"정말이에요. 제가 바란 건 입맞춤이 전부예요."

지혜와 감정균형
wisdom and emotional balance

이 이야기는 종종 상대가 필요로 하는 것이 의외일 수 있다는 것을 시사해준다. 그리고 많은 경우 그들이 물질적인 것이 아니라 정서적인 것을 필요로 한다는 것을 보여준다. 수사나는 노숙인 여성이 당연히 돈이나 안내 등을 필요로 할 것이라고 짐작했다. 그런데 그녀는 엉뚱하게도 애정표현을 원했던 것이다.

우리가 인생에서 진정 필요로 하는 것은 무엇인가? 그리고 우리는 서로에게 무엇을 줄 수 있는가? 현대인들은 이런 질문을 자주 자신에게 던져 볼 필요가 있다.

수사나는 노숙인 여성이 오히려 자신에게 무언가를 주었다고 생각했다. 그것은 빈곤한 사람이 물질보다 애정에 더 굶주려 있다는 교훈이었다. 오늘날 많은 자선가들이 가난

한 사람들에게 돈 몇 푼 던져주는 것으로 긍휼을 베풀었다고 생각하는 경우가 많다. 그러나 가난하고 소외된 사람들은 가스 값을 내주는 것보다, 함께하며 소소한 대화를 나눠주는 것을 더 그리워하는 이들도 많다. 세계적으로 독거노인이나 독신가정이 늘고 있는 추세다. 인간에게 사랑은 음식만큼이나 중요하다. 사랑은 물질이 아니라 정신이며 정서이며 감정이다.

행복은 입맞춤과 같다. 행복을 얻기 위해서는 누군가에게 행복을 주어야만 한다. – 디오도어 루빈 –

Epilogue

나 자신과의 관계

 특별한 지혜와 감정 균형을 요하는 중요한 관계가 있다. 그건 각자가 자신과 만드는 관계이다. 이것은 가장 중요한 관계로서, 각자의 인생과 행복에 가장 큰 영향력을 미치는 요소이다.

 많은 사람들이 잘 모르는 사실이지만, 자기가 자신을 대하는 태도는 곧 다른 사람을 대하는 태도로 나타난다. 그것은 구부리면 굽어지고 일어서면 일어나는 그림자의 반

영과 같다. 만일 자기가 자신에게 지나치게 까다로우면 스스로를 잘 용서하지 못하고, 자신의 잘못을 비난하며 본인도 모르게 다른 사람들에게 동일하게 행동한다. 반면 자기가 자신을 애정으로 대하고 사소한 실수에 대해 용서해주면서 자신의 긍정적인 면을 인정해주면 다른 사람들에 대해서도 자연 그렇게 대하게 된다.

 인간관계에서는 분석적 이성보다 감정적 균형이 더 중요할 때가 많다. 우선 감정적으로 균형감을 가지면 너그러워질 수 있다. 본인 자신을 용서하지 못하면 남을 용서할 수 없고, 본인 자신을 사랑하지 못하면 남을 사랑할 수 없다. 그리고 본인 자신의 좋은 점을 보지 못하면 남의 좋은 점도 볼 수 없다. 본인 자신의 좋은 점과 장점을 찾아내 자존감을 높여야 비로소 남에게 마음 문을 열수 있고, 남의 이야기에 귀 기울일 수 있다.

 만일 우리가 외부의 커다란 변화를 원한다면 우선 우리가 내부에서 무엇을 하고 있는지 점검해야 한다. 이를 위해서 특별한 무엇을 할 필요는 없다. 단지 우리 내부의 목소리를 듣고 자기가 자신을 어떻게 다루는지 보면 된다. 우리는 과연 긍정적인 것들이 들어오는 대문을 열고 있는지? 부정적인 것들이 들어오는 뒷문을 잘 닫고 있는지? 그것을 점검하면 된다.

지은이

페란 라몬 코르테스(Ferran Ramon-Cortes)

스페인 북동부의 항구 도시 바르셀로나에서 태어나 ESADE 대학에서 경제·경영학 석사학위를 받았다. 마케팅 분야로 사회생활을 시작한 이후 직업적 경험을 바탕으로 퍼스널 커뮤니케이션(Personal Communication)에 대한 연구에 매진했다. 커뮤니케이터 학과 교수이자 상담사로 활동하고 있으며, 기업과 함께 상담소를 운영하면서 강의와 상담소 근무를 병행하고 있다. 주요 저서로는 〈항해일지〉, 〈바이러스〉, 〈막스 선생님의 수첩에는 무엇이 있었나〉, 〈등대〉 등이 있다.

옮긴이
변선희

한국외국어대학교 서반어아과를 졸업하고 동대학통번역대학교 한서과를 졸업했다. 스페인 마드리드 꼼쁠루뗀세 국립대학교 문학박사 학위 취득했고, 고려대학교, 덕성여자대학교 서반아어과 강사로 일했으며, 현재는 한국외국어대학교 한서과 강사 및 통번역대학원 통역번역센터 연구원으로 재직 중이다. 역서로는 〈돈키호테〉〈둥근 돌의 도시〉, 〈해가 지기 전에〉, 〈음악가 모차르트의 작은 이야기〉, 〈올리브의 미로〉, 〈나는 요조숙녀가 되고 싶지 않다〉, 〈천재들의 물리학 노트〉 외 다수가 있고, 우리나라 책을 서반어로 번역한 책은 〈지상에 숟가락 하나〉, 〈먼 나라 이웃나라(우리나라 편)〉이 있다.

감사합니다.